나는 퇴사하고도
월100만 원 더
모은다

전업맘 1년 만에 연1500만 원 더 저축한 자산관리의 기술

나는 퇴사하고도 월100만원더 모은다

민선(에코마마) 지음

돈, 사실은 맞벌이 때 알았으면 더 좋았을 것들

대기업 경영관리실과 경영기획부서에서 11년 근무하며 거의 매일 매출, 영업이익, 지출 등 조 단위의 돈을 관리하며 보고했다. 중이 제 머리 못 깎는다더니, 그때 나는 '돈'에 전혀 관심이 없었다. 회사에서 관리하던 '돈'은 나에게 단순히 모니터 속 숫자, 해야 할 일일 뿐이었다. 상사 눈치 보며 업무에 치이고 퇴근하면 집으로 출근이었다. 워킹맘으로 먹고살기 바빠 우리 집 재정은 어떻게 돌아가는지 생각해보지 못했다. 그저 관리비, 카드값이 밀리지 않고 제때 빠져나가는지 체크하는 것, 그 정도로 최선을 다하고 있다고 생각했다.

그러다 갑작스레 '퇴사'라는 레드카드가 앞에 놓였다. 정리하고 준비할 새도 없이 '커리어'라는 경기에서 퇴장하게 된 것이다. 사춘기 때도 방황하지 않았던 내가 30대 끝자락에서 사춘기를 만났다. 이 길이 맞는지, 이 길 끝에는 도대체 뭐가 있는지 전혀 보이지 않았다. 눈을 뜨든 감든 큰 차이가 없이 안개가 자욱하고 흐릿한 길 같았다.

하지만 그런 길에 놓여 있었어도 포기를 생각한 적은 없었다. 흐릿하지만 이 길도 가보고 저 길도 가보며 내가 뭘 할 수 있을지 스스로를 실험해보았다. 누가 뒤에서 쫓아오느냐고 물을 정도로 전진하려고 노력했다. 아니 발버둥을 쳤다. "계속 걸어가다 보면 뜻밖의 순간 무엇인가에 발이 걸린다. 하지만 가만히 앉아 있다가 발이 걸렸다는 사람은 한 번도 본 적 없다." 과학자이자 발명가인 찰스 케터링Charles F. Kettering의 명언은 꼭 나한테 하는 말 같았다.

그런데 퇴사 후 1년, '지금까지 해왔던 것 중 내가 제일 잘하고 좋아하는 것을 새롭게 재구성해보자'라는 결론에 이르렀다. 내가 잘하거나 좋아하는 게 뭐가 있을까? 해외에서 경험한 것들, 한국에서 경험한 것들 하나씩 회상해보았다. 나는 매일같이 숫자를 들여다보고 그걸 엑셀로 관리해왔다. 숫자를 좋아했고 또 10년 넘게 한 일이니 잘하기도 했다. 엑셀과 숫자 이 두 가지로 뭘 할 수 있을까?

돈 관리를 시스템화하면 돈이 불어난다

퇴사 후 외벌이가 되어 제일 불안했던 게 돈이었다. 그래서 우리 집 자산을 파악하고 관리하기 위해 돈 관리를 시작했다. 회사에서는 돈 관리가 주어진 업무라 매달 의무적으로 돈을 정리했다. 그런데 우리 집 경제 관리는 내가 안 하면 그만이었다. 스콧 애덤스Scott Adams의 《더 시스템》에서는 "인생이라는 장기전에서 성공할 수 있는 유일한 방법은 의지력을 사용하지 않아도 되는 시스템을 만드는 것뿐이다"라고 했다. 꾸준히 장기적으로 돈 관리를 하려면 내게도 시스템이 필요했다.

그래서 큰 힘 들이지 않고도 자동으로 자산 현황을 파악할 수 있는 툴을 만들어 나름의 돈 관리 시스템을 구축했다. 나아가 블로그에 매달 가계부와 자산 현황을 정리해서 올리고, 남편에게도 매달 우리 집 자산 현황을 브리핑했다. 나 스스로 블로그 이웃과 남편과 약속을 함으로써 돈 관리를 할 수밖에 없는 시스템을 만든 것이다.

남편이 봐도 우리 집 모든 돈이 투명하게 보이니 더 궁금해하는 것도 없었다. 매달 돈이 철저히 관리되고 불어나는 걸 숫자로 보게 되니 남편도 저절로 절약에 동참하게 되었다. 그렇게 1년간을 정리해보니 퇴사 전 맞벌이하며 1년간 모은 돈보다, 퇴사하고 외벌이로 1년간 모은 돈이 연 1,500만 원 더 많았다! 퇴사하지 않고 과거처럼 그대로 살았다면 아마 일은 일대로 하고, 자산은 더 적었을지 모른다. 상상만 해도 눈물 날 일이다.

물론 퇴사 전에 돈 관리를 철저히 했다면 훨씬 더 좋았을 것이다. 아이 돌봄이 잘 이뤄져 퇴사할 필요 없이 맞벌이인 상태로 돈 관리까지 철저히 할 수 있었다면 돈이 불어나는 데 훨씬 가속도가 붙었을 게 사실이기 때문이다. 하지만 나는 어쩔 수 없이 퇴사를 할 수밖에 없었고, 그럼에도 생각보다 재정이 최악으로 치닫진 않았다.

이 책은 퇴사를 권하는 책이 아니다. 퇴사 전의 나처럼 살고 있는 분들, 돈 버느라 바빠서 정작 내 돈이 어디 어떻게 쓰이고 있는지 잘 모르는 분들, 아낀다고 아끼는데 늘 텅장인 분들, 가계부 쓰는 게 어렵거나, 가계부를 써도 지출이 줄지 않는 분들을 위한 책이다.

우리 집 모든 자산을 한눈에 파악할 수 있게 도와주고, 예산을 짜고, 그에 맞춰 가계부 쓰는 비법을 단계별로 상세하게 설명했다. 이를 위해 원페이지 가계자산표와 지출 분석, 예산표, 가계부 툴도 다운받을 수 있도록 구성했다.

돈 공부가 인생 공부다

부자가 되고 싶은 마음이 없던 건 아니지만, 정작 내 주머니에 들어온 돈에 대해서는 관심이 없었다. 지금 생각해도 참 아이러니하다. 손에 쥔 돈에 관심이 없어서 그간은 부자가 되지 못했나 보다. 그런데 돈 관리를 잘해보려고 돈 관련 책을 읽고 파고들수록 돈에 집착하는 것이 아니라, 돈 이상의 더 큰 가치에 대해 생각해보게 되었다. 꼭 값비싼 명품이 있어야 행복한가? 돈보다 더 큰 가치가 눈에 들어왔다. 돈 주고 살 수 없는 가족, 건강, 행복, 자연 등에 더 감사하고 행복하게 되었다. 그리고 자연스럽게 불필요한 지출이 줄게 되었다.

돈 공부를 하다 보니 내가 그동안 왜 드러나는 것에 신경을 쓰고 돈을 썼는지도 깊이 생각해보게 되었다. 나의 내면도 들여다보게 된 것이다. 젊은 시절의 나는 겉으로 보이는 화려한 것이 나의 가치를 높여준다고 생각했다. 그래서 내면을 갈고 닦기보다 외모를 치장한 것이다. 그러나 나의 내면이 단단하면 외모 꾸미기에 많은 투자를 하지 않아도 빛이 날 수 있음을 깨닫게 되었다. 회사 동료들은 지금의 나를 보며 많이 변했다고, 너무 수수해졌다고 입을 한데 모아 말한다. 하지만 더 이상 그런 말에 신경 쓰이지 않는다. 지금 내 모습이 더 좋기 때문이다.

돈 관리를 시작하려는 분들에게

어디 물어볼 데가 없다며 블로그에 자신의 경제적 상황을 상세히 오픈하며 간절하게 상담 글을 남긴 분들이 많았다. 결혼 준비하는 예비 신부인데 앞으로 어떻게 돈 관리를 해야 하냐는 고민부터 가계부를 써보려고 하는데 막막해하는 분, 3인 가족 가장인데 아기가 태어나 지출이 확 늘었다는 분, 4인 가족 월급은 그대로인데 교육비 지출이 늘어 힘들어하는 분 등 구구절절한 사연들이 많았다.

그래서 이 책에 돈 관리가 어렵고 막막한 분들을 위해 핵심을 정리했다. 단계적으로 따라 하기만 하면 스스로 돈을 관리할 수 있도록 상세히 설명했다. 나아가 돈 관리툴을 다운받고 활용법을 영상으로도 볼 수 있도록 했다. 이 책 한 권을 통해 돈 관리를 시작해서 더 이상 내 돈이 어디로 들고나는지 모르고 헤매지 않길 바란다.

월 100만 원 더 모으는 습관을 갖기로 한 건, 단순히 월 100만 원을 더 모으는 것보다 큰 의미를 가져다줄 것으로 믿는다. 돈 관리가 내 삶을 내 손으로 통제하는 계기가 될 것이다. 소비를 조정하며 내 욕망과도 마주할 수 있다. 물론 더 저축한 돈을 종잣돈 삼아 투자를 시작해볼 수도 있다. 이 모든 과정이 돈 100만 원보다 더 가치가 있었으면 한다. 이 책이 작은 부자가 되는 마중물이 되길 바란다.

　마지막으로 책 쓰는 아내를 위해 집안일을 대신 해준 남편, 그리고 퇴사가 커리어의 레드카드라고 생각했는데 히든카드임을 알게 해준 아들에게 감사한다.

절약은 긍정적으로, 소비는 단호하게!
에코마마 본인이 직접 경험을 통해 깨닫게 된 살림의 지혜를 엮은 결정판이
드디어 세상과 만났다. 매월 새는 돈 100만 원을 찾아내 아낄 수 있다는 촘촘
하게 설계된 엄마표 자산 관리 기술로 우리 집 재정상태를 꼼꼼히 진단하자.
그동안 어렵고 귀찮게만 느껴져 돈 관리를 망설였던 당신에게 용기를 줄 수
있는 선물이 되어줄 것이다.

_(주)부동산클라우드 대표 서울휘

부자가 되는 방법은 다양하다. 고소득 전문직을 가질 수 있고, 사업을 할 수도
있고, 부동산이나 주식 투자를 할 수도 있다. 그런데 한 가지 확실한 건, 돈을
버는 것도 중요하지만 지키는 것은 더 중요하다는 것이다. 저자는 돈을 확실
히 지키고 모을 수 있는 자산관리 기술뿐만 아니라 자산을 늘리기 위한 추가
수입 창출 노하우까지 이 책에 아낌없이 담았다. 일하기 바빠 돈 관리를 못하
고 있다면 지금 당장 이 책을 펼쳐보길 바란다.

_《위기를 기회로 바꾸는 부의 공식》 저자, 부자멘토 이지윤

경제를 모르고 투자하는 것은 눈을 감고 운전하는 것과 같다. 돈에 관심이 없는데 부자가 되고 싶다는 마음은 눈을 감고 운전하는 것보다 위험할 수 있다. 이 책은 무심하게 썼던 돈에 대한 소비 습관을 바로 잡아주고, 통장에 스쳐 지나가는 돈을 지킬 수 있는 현실적인 돈 관리법을 상세하게 알려준다. 그리고 무엇보다 돈에 관심을 갖고 돈 공부를 하고 싶게 만들어주는 책이다.

_경제 읽어주는 남자 김광석

우리 사회는 돈 얘기를 늘 터부시해왔던 듯하다. 이 때문에 돈에 대한 이해, 돈에 대한 교육 한번 제대로 받지 못한 사람들이 대부분이다. 이 책은 종잣돈을 모아야 하는 사람들에게 지침서가 되어줄 보기 드문 입문서이다. 이 책은 부자가 되고 싶지만 지금 당장 뭘 해야 할지 모르는 사람이 있다면, 첫 걸음으로 이 책을 권하고 싶다.

_명지대학교 교수 박정호

우리는 지금보다 더 행복하기 위해 돈을 모으고 불리고 부자가 되길 바란다. 그런데 돈에 너무 집착하거나 삶의 우선순위가 돈이 되어 행복은커녕 스트레스받는 사람들을 보곤 한다. 나의 닉네임처럼 행복한 부자가 되기 위해서는 돈도 즐겁게 모아야 한다. 이 책에서 설명하는 대로 단계별로 따라 하기만 하면 스스로 돈 관리를 할 수 있고, 즐겁게 돈도 모을 수 있다. 행복 부자로 가는 첫걸음으로 이 책을 추천한다.

_행복부자 샤이니, EBS 영어강사 김재영

part 1 어느 날 준비 없이 전업맘이 되었다

part 2 재정 관리의 첫걸음, 있는 돈 붙잡기

부자로 가는 첫걸음, 새는 돈 막기

 **경제적 자유의 첫걸음,
내 가치 끌어올려 추가 수입 만들기**

part

1

어느 날
준비 없이
전업맘이 되었다

나도 한때는 일 좀 하던 커리어 우먼

"저기 엄마 회사다. 맞지?"

전자제품 전문점을 지나던 아이가 갑자기 손을 뻗어 간판을 가리키며 물었다. 한때 내 청춘과 열정을 불태웠던, 내가 다녔던 회사의 로고였다.

"맞아, 엄마 회사. 근데 지금은 아니야."

밀려오는 쓸쓸함과 함께 입사하기까지의 과정과 회사에서 버티기 위해 아등바등했던 기억이 스쳤다.

남들과는 달리 빡세게 경력을 쌓아 입사한 대기업. 그것도 꿈에 그리던 본사(!)였다. 본사에 대한 로망과 설렘을 잔뜩 품고 출근했지만 일주일 정도 지났을까. 내 삶에서 '워라밸(일과 삶의 밸

런스)'이라는 용어는 감쪽같이 사라졌다. 일과 일의 연속이었다. 아침 7시 30분에 출근해 새벽 2시에 퇴근하는 날이 부지기수였고, 주말엔 약속을 잡아도 취소하는 날이 더 많았다. 심지어 명절에는 미혼인 친구들은 해외여행이다 호캉스다 즐거운 연휴를 보내는데 나는 출근하는 지하철에 앉아 꾸벅꾸벅 졸았다.

스트레스가 쌓일 땐 점심시간이나 저녁 시간에 잠깐 짬을 내 쇼핑을 했다. 회사 바로 옆에 있는 아웃렛에 가는 게 그나마 낙이었다. 깊이 고민하지도 않았다. 시간이 넉넉하지도 않았으니까. 뭘 살지 너무 고민이 되던 날은, 같은 디자인의 옷을 색깔별로 사기도 했다. 그 덕(?)에 옷이 넘쳐나 옷장이 두 번이나 무너졌을 정도였다. 잦은 야근과 특근으로 돈 쓸 시간은 없었는데, 막상 통장 잔고는 늘 텅 비어 별 볼 일이 없었다.

그러다 어느 날부턴가 몸에 울긋불긋한 반점이 생겨 간지럽더니 얼굴까지 번졌다. 인터넷을 찾아보니 아토피가 의심됐다. 설마 하는 마음으로 한달음에 병원으로 달려갔다. 상담 결과, 피로와 업무 스트레스가 누적되면 성인도 아토피가 생길 수 있다고했다. 사춘기 때 여드름 하나 안 났던 피부였는데, 30대가 되어 성인 아토피라니 이건 또 무슨 일인가. 눈물이 핑 돌았다. 성인 아토피라는 진단을 받았지만 달라지는 건 없었다. 계속되는 야근과 특근으로 아토피는 점점 더 번져갔다. '그래도 어떻게 여기까지 왔는데……'라는 생각으로 이 악물고 버틸 수밖에 없었다.

산 넘고 물 건너
드디어 대기업 사원증을 목에 걸다

대학 시절, 많은 이들이 그렇듯 나도 커리어 우먼을 꿈꿨다. 드라마에서 하이힐을 신은 멋진 커리어 우먼이 사원증을 목에 걸고 화려한 빌딩으로 들어가 프리젠테이션 하는 모습을 봤는데, 어찌나 멋있던지. 그렇게 너무 크지도 작지도 않은 커리어 우먼이라는 꿈을 갖게 되었다. 하지만 졸업과 동시에 현실 자각. 명문대를 나오지도 않았고, 그렇다고 알아주는 자격증이나 특출난 경력도 없어 대기업에는 원서를 내 볼 엄두도 내지 못했다.

그러다 정부기관에서 해외로 보낼 요원을 선발한다는 소식을 접했다. 평소 영어는 좋아했던 터라 이력서에 경력 한 줄이라도 넣자는 생각으로 곧바로 도전했는데, 운 좋게 보스턴의 한 회사의 인턴십에 합격했다. 그리고 그 인턴 경험을 토대로 다시 해외 취업에 도전했다.

취업 비자 취득이 어려운 미국은 제쳐두고, 여자 혼자 생활할 수 있는 안전한 나라를 찾다 싱가포르가 떠올랐다. 곧바로 싱가포르 취업 프로젝트를 실행했다. 스펙 없고, 명문대도 아닌 내가 도전한 취업 프로젝트란 사실 단순무식 그 자체였다. 싱가포르 한인 사이트에 들어가 '나는 이런 사람입니다. 뽑아주세요'라는 글을 남기는 것이었으니 말이다.

지금 생각해보면 그런 자신감이 어디서 나왔는지 모르겠다. 평소 무모하게 도전했다가 실패하는 게, 도전하지 않는 것보다 백 배 낫다고 생각했던 터라 조금도 주저하지 않았던 것 같다. 그렇게 앞뒤 안 재고 들이밀었는데 정말 취업의 문이 열렸다. LG 싱가포르 법인에서 근무하는 조건으로 합격한 것이다. 꿈에 한걸음 가까이 다가간 것 같았다. 그러나 정부 지원으로 동료들과 함께 갔던 미국과 달리, 싱가포르에선 정말 맨땅에 헤딩이었다. 살 집을 계약하는 일부터 관공서와 은행 일 하나하나까지 혼자 헤쳐 나가야 했다.

싱가포르 법인에서는 경영기획팀에서 근무했다. 법인 매출과 영업이익, 경비 등을 담당했는데, 현지인들과 마주치는 일이 꽤 많았다. 그러다 보니 한국에서는 겪지 않아도 될 일들을 겪곤 했다. 타지에서 외국인들과 일하는 게 겉으로 보기엔 화려해 보이고 좋아 보일진 몰라도 문화적 차이며, 어려운 점이 정말 많다. 게다가 싱가포르식 영어는 들어도 들어도 쉽게 익숙해지지 않았다. 한 달 두 달 지날수록 다른 곳으로 가고 싶은 마음이 굴뚝 같아졌다.

다행히 기회가 닿아 아시아 전체를 총괄하는 본부로 이동하게 되었고, 그곳에서 좋은 평가를 받아 한국 LG 본사로 입사할 기회를 얻게 되었다. 공채로 들어가려면 날고 기는 인재들도 겨우 입사할까 말까 할 정도로 문턱이 높디높은데, 나는 해외 법인에서 근무한 경력으로 한국 본사에 쉽게 입사했으니 행운 같았다.

쉬운 회사 생활을 기대했던 건 전혀 아니다. 회사 생활은 녹록지 않았지만, 나는 회사에 대한 자부심이 있었고, 회사가 참 좋았다. 게다가 해외에서 고생하며 경력을 하나하나 쌓아 여기까지 온 것이라 이 자리에 더 애착이 갈 수밖에 없었다. 얼굴과 온몸에 난 성인 아토피, 잦은 야근과 특근, 그리고 불합리한 대우에도 퇴사하지 않고 애지중지 쌓아 올린 공든 탑을 잘 지켜내고 싶었다. 이제 드라마 속 여주인공처럼 멋진 커리어 우먼만 되면 됐다.

워킹맘으로 산다는 것

어느 날 지인한테서 전화가 왔다. 대뜸 소개팅을 제안하며 "해외에서 일하고 있는 사람이라 잘 안 될지도 모르지만……"이라며 말끝을 흐렸다. 어차피 나 역시 연애할 시간도 없었다.

'그래? 그럼 그냥 한번 만나나 보지, 뭐.'

그렇게 별 기대 없이 나갔는데, 웬걸! 키도 크고 듬직해 보이는데다 말도 잘 통했다. 바로 다음 날 우리는 다시 만났다. 두 번째 만난 날 시간 가는 줄 모르고 대화를 나눴고, 세 번째 데이트 때 반지를 맞췄다. 그게 약혼반지가 되어 처음 만난 지 12일 만에 상견례를 했다.

주위 사람들에게 결혼 소식을 알렸지만, 다들 믿지 않았다. 지난주만 해도 만나는 사람이 없다고 한 데다, 연애할 시간은 어디서 났냐며 의심의 눈초리를 보냈다. 나도 어리둥절한데 지인들이 당황해하는 건 당연했다.

결혼식을 올리고 남편이 있는 해외로 나갈 계획이었으나, 갑자기 남편이 한국에 취업이 되면서 시댁에 눌러앉게 되었다. 동시에 좋은 소식이 또 하나 있었다. 아기가 생긴 것이다. 둘 다 나이도 꽉 찬 데다 난임과 불임이 많아 양가에서 내심 걱정을 하고 계셨는데 결혼하자마자 아이가 생겨 시댁에 살면서도 사랑을 듬뿍 받았다. 갑자기 시작된 새로운 삶이 좋기도 했지만 인생이 거대한 흐름에 일순 내맡겨진 것 같았다.

우아한 워킹맘은
어디에도 없다

육아휴직 중에는 엄마로서의 삶에 최대한 집중했다. 복직하면 다시 커리어 우먼이 되어야 하니, 그 시간만큼은 아이를 위해 내 모든 시간을 할애했다. 우유만 먹던 아이가 이유식을 오물오물 씹는 모습에 뿌듯해하고, '아빠, 엄마'를 말하는 모습에 신기해하다 보니 휴직 기간 1년이 금세 지나갔다. 워킹맘의 처참한 삶은 짐작조차 하지 못한 채 직장 동료들과 커피를 마시며 노닥거릴 수 있겠단 생각에 복직하는 날이 기다려졌다.

기다리고 기다리던 복직. 회사에서 한강을 보며 커피를 마시고 수다 떠는 시간만큼은 힐링 그 자체였다. 그러다 내 살림을 해보고 싶은 욕심이 화를 불렀다. 복직 후 얼마 지나지 않아 분가를 하면서 우아한 워킹맘의 삶은 와장창 무너졌다. 멀리 떠날 자신은 없어 시댁 근처로 집을 구했지만 함께 살 때와 따로 살 때의 내 삶은 극과 극이었다.

분가를 해보니 시댁에서 내가 얼마나 편히 지냈는지 깨달았다. 남편은 직업 특성상 해외에 나가는 일이 많아 집을 자주 비웠다. 그러다 보니 집안일과 육아는 오롯이 내 몫이었다. 시댁 근처에 있으려니 출퇴근 시간만 합쳐도 꼬박 4시간. 출퇴근만으로도 이미 지쳤지만, 나는 절대 지쳐선 안 됐다. 어린이집에서 아이를 데려와 씻기고 책을 읽어주며 재우기까지, 집에 오면 또 다른 업무가 시작되었다. 그러다 집 꼬락서니를 보면 슬슬 화가 치밀어 올랐다. 쌓여 있는 설거지 더미, 빨래 더미로 전쟁터가 따로 없었다. 그런 집 상태를 보는 것만으로도 스트레스였다.

10년 차 직장인으로 사회생활은 능숙했지만, 엄마로서는 이제 막 시작한 새내기라 매일매일이 전쟁 같았고, 엄마라는 그 이름 자체가 버거웠다. 요리, 청소, 빨래는 물론 아이 교육에도 신경 써야 했다. 어린이집 준비물, 아이 물건 주문 등 자질구레한 일들도 너무 많았다. 싱글 때는 내 몸 하나 건사하기도 힘들었는데 워킹맘이 되어 이 모든 일을 감당하다 보니, 세상의 모든 엄마가 정말 위대하게 느껴졌다. 이렇게 살다 보면 슈퍼우먼이 될 것 같았다.

잘 버티고 있다고 생각했다. 그러나 말 그대로 버틴 거지, 점점 지치기 시작했다. 워킹맘 3년 차가 되니 생활이 마치 100미터 달리기를 쉼 없이 하는 기분이었다.

아침에는 새벽같이 일어나 출근 준비를 하고, 아직 꿈속에서 헤매는 아이를 흔들어 깨워 씻기는 둥 마는 둥, 먹이는 둥 마는 둥 하다 출근하면 책상에 앉자마자 퇴근이 간절해졌다. 퇴근하면 또 부랴부랴 집으로 달려와 아이를 씻기고 먹이고 재우다 같이 쓰러져 잠들기 일쑤였다. 주말엔 주중에 엉망진창이 된 집을 대충 수습하다 보면 금세 월요일이 됐다. 전력을 다해 달려와 분명히 쉴 때가 된 거 같은데 다람쥐 쳇바퀴처럼 계속 달려야 했다. 늘 숨이 턱까지 차는 느낌이었다.

엄마는 회사가 그렇게 좋아?
나보다 더?

회사는 먼데 출근 시간은 또 일러 어린이집 등원 시간과 맞지 않았다. 그 탓에 매일 아침 친정엄마가 아이를 등원시키러 우리 집으로 출근을 하셨다. '딩동' 아침에 초인종 소리가 나면 아이는 귀

신같이 내 뒤에 숨었다. 엄마와 떨어질 시간이라는 것을 감지해서다. 외할머니가 집으로 들어오는 순간, "할머니 가! 할머니 싫어!"라며 격하게 반응했다. 온몸으로 저항하는 아이를 모질게 떼어놓고 출근하는데 친정엄마한테서 전화가 걸려왔다. 어린이집 앞인데 아이가 들어가기 싫다며 울고불고 난리라고. 친정엄마도 여기저기 몸이 안 좋으셔서 아이를 맡기기 어려운 상황인데, 아이는 어린이집에 가기 싫다는 날이 점점 늘어났다.

남편이 출근하지 않는 평일에는 남편에게 아이를 맡기고 출근했다. 아빠가 있는데도 아이는 내 다리를 붙잡고 회사에 가지 말라며 그 큰 눈망울에서 닭똥 같은 눈물을 뚝뚝 흘렸다. 아침마다 신파극이 따로 없었다. 출근 시간에 늦을까 봐 아이를 남편에게 던지듯 떼어놓고 현관문을 닫았다. 엘리베이터를 기다리는 동안 아이의 울음소리를 들으며 나도 눈물을 뚝뚝 흘렸다. 매일 아침마다 가슴에 납덩이를 하나씩 얹은 채 무거운 발걸음으로 출근해야 했다.

죄책감이 들어 어린이집에 전화해보면 정작 어린이집에 들어와서는 잘 논다고 했다. 회사 선배와 육아 전문가들은 그 시기만 지나면 괜찮아질 거라고 조언했다. 아픈 마음을 다잡고 출근을 했다. 정말 몇 개월이 지나자 출근길 전쟁은 잦아들었다. 그러던 어느 날 아이가 갑자기 물었다.

"엄마는 회사가 그렇게 좋아? 나보다 더?"

울며 회사에 가지 말라고 붙잡는데도 기어코 자기를 떼어놓고 가니 회사를 더 좋아한다고 생각했나 보다. '찡' 가슴이 저렸다. '나는 분명히 아이가 더 좋은데 왜 회사에 다니고 있지?'라는 의문이 들었다.

그때 문득 내 삶을 돌아봤다. 회사에 다닌다고 미래가 보장되는 것도 아니었다. 그렇다고 업무가 딱히 보람 있지도 않았다. 사실 냉정하게 말해서 나는 아주 우수한 평가를 받을 정도의 인재도 아니었다. 죽어라 맞벌이를 하고 있지만 통장 잔고도 두둑하지 않았다.

'내가 일하니깐 좋은 가방 하나 정도는 들어야지', '내가 이 정도 버는데 아이 비싼 옷 하나 못 사주나?'라는 생각이 수시로 불쑥불쑥 올라왔다. 이런 소비들이 과소비인 줄도 모르고 과소비를 일삼았다. 통장에 돈이 어떻게 들어오고 나가는지 그건 나의 관심사가 아니었다.

그러면 나는 왜 회사에 다니고 있을까? 입사를 간절히 꿈꿨던 회사이기도 했지만, 속내를 자세히 들여다보면 결국 월급 때문이었다. 다른 회사에서 월급을 더 많이 준다고 하면 주저하지 않고 이직했을 테니 말이다. 내가 회사에 다니는 이유는 단지 돈 때문이었던 것이다.

멋진 커리어 우먼이 되겠다는 다짐은 어디 가고 회사에서는 평가가 안 좋으면 어떡하나 전전긍긍, 집에 와서는 아이가 엄마의 사랑을 충분히 받지 못해 혹여나 잘못될까 안절부절. 회사에서든 가정에서든 뭐 하나 제대로 하지 못하는 거 같아 늘 죄인이 된 기분이었다. 아이에겐 항상 미안한 마음이 들었다.

육아휴직 중에 아이가 성장하는 모습을 하나하나 지켜볼 때는 그 순간들의 소중함을 몰랐는데, 일을 시작하고부터는 다시 오지 못할 소중한 시간을 아이와 함께하지 못한 것에 마음이 아팠다. 주중에는 시간이 없어 아이를 재우기 바빴고, 주말에나 겨우 놀아주는데 아이가 부쩍 큰 거 같은 느낌이 들면 속상해 눈물이 차올랐다. 하지만 퇴사를 결심하기에는 뚜렷한 이유도, 퇴사 이후의 계획도 없었기 때문에 힘들고 지쳐도 꾸역꾸역 회사에 나갔다.

퇴사할 타이밍은
너무 자주 온다

휴대폰이 요란하게 울렸다. 어린이집 번호가 찍힌 걸 보니 불길한 예감이 스쳤다. 업무 시간에 어린이집에서 걸려오는 전화는 무언가 큰일이 생긴 것 같아, 불안하고 달갑지 않다. 어린이집 선생님은 상담할 게 있다며 요즘 아이에게 어떤 변화가 있었느냐고 물으셨다. 아이가 자꾸 "선생님 집에 장난감 많아요? 선생님 집에 가서 같이 자면 안 돼요?"라고 묻는다는 것이다. 별일 없다고 대답하니, 선생님은 아이에게 조금만 더 신경을 써달라는 말을 남기고 전화를 끊었다.

　나는 이미 끊어진 전화를 붙잡고 추운 날씨에 꽁꽁 언 사람처럼 회사 복도에 붙박여 움직이지 못했다. 최선을 다한다고 했는데, 엄마의 사랑이 부족했던 걸까? 나름 일과 육아를 병행하며 열심히 한다고 했는데, 어린이집 선생님의 전화 한 통화로 머릿속이 하얘졌다.

외벌이로 살아도
괜찮을까?

퇴사를 결심하지 못했던 이유는 많다. 우선 그만두기에는 회사가 아까웠다. 퇴사하면 다시 이 정도로 큰 회사에 입사하는 건 힘들게 뻔했다. 또 언제일지는 모르겠지만 아이가 조금 크면 이 생활이 나아질 것 같았다. 하지만 뭐니 뭐니 해도 퇴사하지 못하는 가장 큰 이유는 경제적인 문제였다.

'남편 월급으로만 생활할 수 있을까?'
'지금까지의 소비 패턴을 바꿀 수 있을까?'
'씀씀이를 줄이는 게 가능할까?'
'고정비만 해도 어마어마할 텐데, 감당이 될까?'
'남편 정년퇴직이 얼마 남았더라?'
'그때 아이는 몇 살이지?'

온갖 생각이 꼬리에 꼬리를 물다 보면 결국 사직서는 책상 서랍 깊숙한 곳으로 다시 들어갔다. 사실 퇴사해도 재테크로 돈을 잘 굴릴 자신도, 부동산을 잘 알아서 복부인이 될 자신도 없었다. 그래서 커리어 우먼도 좋은 엄마도 되지 못한 채 버거워하면서도 끝까지 사직서를 내지 못하고 있었다.

그런 상황에서 감정은 사치라고, 드러내면 안 되는 것이라고 생각했나 보다. 내 감정에 대해 깊이 생각해볼 시간조차 없었거니와, 안다 한들 감정을 해소할 방법이 딱히 있는 것도 아니어서 그 감정들을 꾸역꾸역 마음 저 한구석에 처박아놓았다. 그러던 어느 날 사건이 터지고야 말았다. 그동안 켜켜이 쌓아두었던 감정들이 폭발하고 만 것이다.

하원 후 아이를 집에 데려와 씻기는데 아이가 자꾸 물장난을 하고 싶어 했다. 이미 녹초가 될 대로 된 나는 빨리 끝내고 싶어서 실랑이를 벌였다. 그러다 내 감정에 못 이겨 "빨리 씻어야 한다고 했지!"라고 큰소리를 치며 양치 컵을 욕조에 내던졌다. 플라스틱 조각들이 여기저기로 튀었다.

다 내려놓고 어디론가 도망가고 싶었다. 아이는 놀라서 나에게 안기는데, 감정이 가라앉지 않아 아이를 밀쳐냈다. 누가 봤으면 정신 나간 여자라고 했을 것이다. 내가 씩씩거리고 있는 사이 아이는 울다 지쳐 혼자 잠이 들었다. 침대 밖으로 발이 하나 나와 있는 채로. 흐르는 눈물을 닦을 새도 없이 자고 있는 아이를 껴안고 눈이 퉁퉁 부을 정도로 울었다. 그리고 다음부터는 절대 이러지 않겠다고 다짐을 하고 또 했다. 하지만 쌓이는 스트레스는 아무리 꾹꾹 억눌러도 이따금씩 터져 나왔다.

아이의 공격성도
내 탓이었나 봐

어느 날부턴가 아이가 장난감을 던지며 소리를 질러댔다. 어르고 달래도 통제가 되지 않았다. 순했던 아이가 괴팍하게 변해 있었다. 내 감정이 아이에게 고스란히 전해졌나 보다. 하지만 아이의 폭력적인 모습을 보며 미안해하는 것도 잠시, 유난스럽고 과격하게 행동하는 아이가 버겁고 함께 있는 시간이 괴로워졌다. 덩달아 나도 괴물로 변해갔다. 나의 밑바닥을 들여다보는 시간 같았다. 도저히 참을 수 없던 날, 해외 출장을 가 있는 남편에게 메시지를 보냈다.

'이러다 내가 미쳐버릴 것만 같아.'

남편은 메시지를 받고 충격을 받았다고 했다. 그동안 잘 해내고 있다고 생각해 무심히 넘겼다며 미안해했다. 아이가 왜 이렇게 공격적으로 변했는지 상담을 받아보기로 했다. 상담 결과, 아이를 돌보는 양육자가 엄마인 나, 어린이집 선생님, 외할머니, 친할머니까지 네 명이라 아이가 혼란스러워하는 것 같다며 양육자를 줄이길 권했다.

친정엄마나 시어머니 두 분 중 한 분이 주중에 계속 아이를 봐줄 수 있는 상황이 아니었다. 내가 퇴사하는 게 가장 확실한 길이었다. 흔들다리에서 힘을 주면 줄수록 더 흔들리듯이, 워킹맘의 삶도 아등바등 더 잘하려고 하면 할수록 크게 엇나가는 기분이었다. 한 번도 깊게 생각해보지 않았던 퇴사. 그런데 이렇게 갑자기 눈앞의 현실이 됐다.

아이를 위해
결국 사표를 내다

퇴사를 고민하는 한 달 남짓, 아이의 공격적인 성향은 더욱 강해져만 갔다. 회사에서는 3개월 휴직하며 상황을 지켜보자고 했다. 휴직계를 내는데 마음은 사직서를 내는 기분이었다. 3개월 동안 휴직하며 아이를 돌보자 아이의 공격성이 눈에 띄게 좋아졌다. 결국 휴직계는 사직서가 되었다.

30대에 성인 아토피까지 얻어가며 악착같이 다녔던 회사를 정말 퇴사하는 건가? 믿어지지 않았다. 아니 믿고 싶지 않았다. 사직서를 내는 날 동료들과 인사를 나누고 회사 밖을 나서는데, 나도 모르게 눈물이 주르륵 흘렀다. 그날 밤 잠이 쉽사리 오지 않았다. 11년 전 첫 입사부터 수많은 일들이 주마등처럼 스쳐 지나갔다.

얼마나 공들여 쌓은 탑인데 이렇게 한순간에 무너지다니. 다시는 회사원이 될 수 없을 거 같은 생각에 눈물이 하염없이 쏟아졌다.

그렇다고 완전히 일을 쉰 건 아니었다. 마침 퇴사 소식을 들은 친구가 대학교 행정직을 소개해주었다. 매일 출근하는 게 아니라 일주일에 2~3일, 하루 몇 시간만 근무하는 자리였다. 아이가 어린이집에 간 사이 할 수 있는 일이라 시작해보기로 했다. 하지만 자꾸 전 직장과 비교가 됐다. 일의 성취감이나 보상, 어느 하나 맘에 차는 게 없었다.

그러면 내가 뭘 할 수 있을까? 고민해봤지만 아무리 생각해봐도 할 수 있는 게 없었다. 11년 동안 대기업에서 근무했지만 특별한 기술을 익힌 것도, 돈을 엄청나게 번 것도, 좋은 엄마가 된 것도 아니었다. 나에게 남은 건 딱 하나, 엑셀을 다루는 능력뿐이었다. 하지만 엑셀을 잘 다룬다는 것만으로는 프리랜서로 활동할 수 있는 일이 딱히 떠오르지 않았다.

세상은 넓은데, 내가 할 일은 정말 없는 거니?

엑셀 다루는 능력을 써먹을 데가 없다면, 완전히 새로운 분야에 도전해야 했다. 우선 내가 좋아하는 일들을 하나하나 곱씹어봤다. 나는 회사에 다닐 때도 주말마다 꽃꽂이를 배우러 다닐 정도로 꽃 다루는 일을 좋아했다. 그렇다면 플로리스트? 고민해봤지만 플로리스트를 시작하기엔 늦은 나이였다. 또 요즘은 해외 유학파들이 많아 국내에서 교육받아서는 경쟁이 안 된다고들 했다. 그렇다면 플로리스트는 잠시 미뤄두고.

내가 또 뭘 좋아하지? 요리하는 걸 좋아하니 요리 전문가나 푸드스타일리스트를 해볼까? 그러나 서너 사람 먹을 집밥을 만드는 것과 요리를 직업으로 삼는 것은 차이가 컸다. 지금 나이에 바닥부터 시작하려면 기존에 시작했던 사람들보다 2~3배 노력해야 하는데, 엄밀히 따져보면 그럴 만큼 미각이 뛰어나거나 음식을 좋아하지도 않고, 요리에 자신도 없었다. 그렇다면 요리 전문가도 아닌 것 같고.

해외에서 7년 동안 산 경험을 살려 영어를 가르쳐볼까 싶어 유아 영어 교재를 풀세트로 구입했다. 주위에서는 홈스쿨링부터 시작해보라고 권했다. 하지만 내 아이 하나 뒤치다꺼리하는 것도 정신 없는데, 아이 여럿을 잘 돌보며 가르칠 수 있을까? 아이들을 좋아하지도 않는데 말이다. 그래서 영어 교사도 제쳤다. 결국 새로운 분야 도전기는 삼진 아웃!

우리 집 재정이
이렇게나 엉망진창이었다니

새로운 분야를 기웃거리다 주저앉은 이유는 또 있다. '육아는 장비빨'이라는 말이 있듯 '도전도 자원빨'이다. 자원, 즉 돈이 있어야 도전도 할 수 있는데 나는 오랜 시간 실패를 거듭하기엔 나이가 많고(시간 부족), 불확실한 일에 뛰어들기엔 돈이 넉넉지 않아(재정 부족) 불안한 맘이 들었다. 실제로 그렇다기보다 내 마음이 그랬다. 나이를 떠올리면 초조했고, 꿈을 찾았을 때 미련 없이 풍덩 뛰어들 만큼 풍족한지 떠올리면 불안했다.

사실 결혼하자마자 남편은 자기 급여를 나에게 완전히 일임했다. 농담 삼아 '우리 집 재정부 장관'이라고 말하면서. 하지만 변명이 아니라 독박육아 워킹맘의 삶은 눈뜨면 회사일, 집안일로 정신이 없었다.

나에게 있어 가정 경제의 운용이라 함은 관리비와 세금, 보험 등이 잘 **빠져나가고** 있는지 확인하고, 수시로 닥치는 명절과 어버이날, 각종 대소사를 깜빡하지 않고 용돈을 챙기는 정도였다. 당시 우리 집 재정부 장관으로서 한 일은 통장에 돈을 잊지 않고 넣어두는 것이었다. 심지어 이자도 얼마 안 된다며, 예·적금도 들지 않았다. 재정부 장관으로서 해야 할 역할을 전혀 안 한 셈이다.

사실 우리 집 재정 상태를 잘 모른다는 것도, 휴직 후 앞으로 뭘 해 먹고살아야 할지 궁리하다가 알았다. 하고 싶은 일이 떠올라 여윳돈이 얼마나 있는지 찾아보다 깜짝 놀랐다. 어디까지가 생활비인지, 어디서부터 비상금인지, 얼마부터 여윳돈인지 전혀 구분할 수 없었기 때문이다. 그도 그럴 것이 목적 없이 통장에 돈을 그냥 넣어두고 있었다. 이제 퇴사한 마당에 우리 집 자산이 얼마나 되는지, 앞으로 어떻게 생활해야 할지 살펴보기로 마음을 먹었다.

대기업 근무 총 11년, 그중 결혼 후 5년을 근무하는 동안은 맞벌이였으니 어느 정도 모였겠지 하는 기대가 있었다. 그런데 여기저기 흩어져 있는 계좌의 잔액을 죄다 모아 봐도 돈이 생각보다 많지 않았다.

회사 경영기획팀에서 근무할 때 나는 전 세계 매출과 영업이

익을 관리했다. 그뿐 아니라 지출 비용도 관리했다. 광고비 등 특정 비용이 예산이나 전년 대비 늘어나면 관련 부서에 초과 사유 자료를 요청해서 취합해 보고할 만큼 비용을 철저히 관리했다.

그랬던 내가 결혼 5년 동안 우리 집 지출은 전혀 관리하지 않았던 것이다(물론 남편도 마찬가지였지만). 사고 싶은 건 다 사면서 말이다. 퇴사 후 우리 집 재정을 자세히 살펴보자 입이 다물어지지 않았다. 너무 형편없을 정도로 엉망진창이었기 때문이다. 아무리 바빠도 그렇지, 예·적금 하나 안 들었다는 게 말이 되나? 통장 잔고를 보니 한숨이 절로 나왔고, 나 자신이 한심하게 느껴졌다.

재무 설계사를 만나 보험 6개를 들다

몸이 아프면 의사를 찾아가는 것처럼 재정 관리가 엉망이면 재무 설계사를 찾아가면 되지 않을까 하는 생각이 들었다. 휴직 전 사내 게시판에서 임직원 대상으로 무료로 재무 설계를 해준다는 글을 본 기억이 났다. 핸드폰을 뒤져 그분의 연락처를 찾아내 전화를 걸었다.

눈부실 만큼 화려한 건물에서 정장을 잘 차려입은 재무 설계사가 나와 나를 반갑게 맞이해주었다. 재무 설계사는 현재부터 노후까지 시뮬레이션하며, 지금부터 어떻게 준비해야 하는지 상세히 설명해주었다. 목적별 자금을 준비해야 한다며 금융상품을 설계해준 것이다.

나 하나를 위해 무려 4시간이나 심층 상담을 해주었다. 무료 상담인데 이렇게까지 친절하고 상세히 설명해주다니! 재테크에 '재' 자도 모르던 나는 그 재무 설계사가 구세주처럼 느껴졌다. 나만 잘하면, 우리 집 재정을 단단하게 관리해줄 것만 같았다.

그 4시간 동안 재무 설계사는 지금 가입되어 있는 보험들도 하나씩 분석해주었다. 그런데 이런 이유로, 또 저런 이유로 내가 가입한 보험들이 모두 잘못되었다며 전부 해약하고 변액보험으로 갈아탈 것을 권했다.

재테크의 '재' 자도 몰랐던 내가 보험의 '보' 자는 알았을까? 당연히 몰랐다. 지인이 뭐라 뭐라 말하며 가입해야 한다고 내민 보험 계약서에 사인만 했을 뿐이다.

이번에도 그랬다. 친절하게 상담해준 재무 설계사의 말만 믿고 지금까지 가입한 보험은 전부 해약할 마음으로, 재무 설계사가 내민 6개의 변액보험에 사인을 하고 기분 좋게 집으로 돌아왔다. 이제 우리 집 재정 관리는 그 재무 설계사가 알아서 해주겠지 싶어 든든했다. 당장 부자가 될 것 같았다.

다음 날 예전에 들었던 보험을 해약하려고 기존 보험사에 전화했더니 담당 설계사와 먼저 상담을 하라고 했다. 그 보험의 담당 설계사는 내 친한 친구였다. 친구에게 전화해 재무 설계 받은 내용을 이야기하자 깜짝 놀라며 기존 보험을 왜 전부 해지하느냐고 핀잔을 주었다. 기존에 든 보험도 약간 보완만 하면 괜찮은 보험들이라는 것이다.

우리 집 재정은
내가 지키기로 했다

믿었던 재무 설계사에게 크게 배신감을 느꼈다. '어떻게 오래 가입한 보험을 전부 해약하고, 본인 수당이 높은 보험으로 가입하라고 할 수 있지?' 다시 생각하면 할수록 약이 오르고 화가 났다. 보험은 장기간 가져가야 할 정말 중요한 상품인데 말이다.

그다음에는 나에게 화가 났다. 어쩌자고 처음 보는 사람에게 우리 집 돈을 전부 맡기려고 한 걸까. 하지만 누구를 탓하리오. 이대로는 도저히 안 되겠다는 생각이 들었다. 내 돈은 내가 지켜야겠다는 생각에 재테크 공부를 하기로 마음먹었다.

바로 다음 날, 생각하면 바로 실천해야 하는 '바로 병'이 도졌다. 재무 설계사가 한 말 중에 절반은 못 알아듣던 내 모습이 떠올랐다. 알아듣고 걸러 들으려면 경제 공부가 필요하다! 기본을 다져야겠다 싶어 경제 공부에 돌입했다.

퇴사하고 월 저축액이
100만 원 더 늘다

워킹맘일 때는 사실 세상이 어떻게 돌아가는지 관심이 없었다. 뉴스를 볼 시간이 없어서 관심이 없었는지, 관심이 없어서 뉴스를 보지 않은 건지 정확히 모르겠지만, 일을 하면서 아이를 챙기는 것만으로도 하루가 넘치게 바쁘고 벅찼다.

그런데 재테크 공부를 시작하려고 하니 정치, 경제, 산업 등 하루하루 돌아가는 상황을 아는 게 중요해 보였다. 국내뿐 아니라 세계가 어떻게 돌아가는지도 말이다. 그래서 우선 매일 뉴스를 시청하기로 했다.

뉴스에서는 경기가 안 좋아 금리를 인하해야 한다고 했다. 그런데 미국이 금리를 두 차례나 올린 상황이라 우리나라도 금리를 인상해야 하는데, 국내 경기가 좋지 않고 외국인 자금 유출 우려가 있어 한국은행은 금리를 올리지도 내리지도 못하는 애매한 상황이라고 보도했다.

분명히 한국말이었다. 그런데 왜 아무것도 안 들리지? 금리와 경기는 무슨 관계가 있고, 외국인 자금은 또 왜 유출이 되는지 전혀 이해가 되지 않았다. 뉴스를 들으며 경제 흐름을 파악하려고 했는데, 경제 뉴스를 듣는 순간 외계어를 들은 느낌이었다. 도대체 어디서부터 어떻게 경제 공부를 시작해야 할지 몰라 막막했다.

일단 닥치는 대로 인터넷 자료를 찾아보고, 경제 추천 도서들을 읽었다. 이해가 안 되는 부분이 있으면 바로 인터넷 검색을 해서 이해가 될 때까지 읽고 또 읽었다. 그렇게 한두 달 지나자 슬슬 경제 뉴스가 귀에 들어오기 시작했다.

외계어 같던 경제 뉴스가 사투리 정도로 느껴졌다. 완벽하게는 아니지만 무슨 말을 하는지 정도는 이해가 되기 시작했다. 하나씩 알아가는 재미가 쏠쏠해지자 경제 공부가 재미있어졌다. 하루에도 몇 번씩 전 세계 정치에 따라 경제 상황이 휙휙 바뀌는 것이, 드라마보다 더 흥미진진했다.

가계부를 쓰고
예산 운용을 하자 돈이 모였다

경제 공부와 더불어 어디에 얼마를 쓰고 있는지 알기 위해 가계부를 쓰기 시작했다. 가계부를 매월 써보니 소비 습관을 파악할 수 있었다. 뿐만 아니라 절약하는 방법도 깨달았다.

가계부를 쓰면 자연히 절약될 거로 생각하지만, 중요한 포인트를 지키지 않으면 가계부는 먹고 쓴 걸 기록하는 또 하나의 일기장이 될 뿐이다. 가계부를 쓰면서 내 소비 패턴을 분석하고 예산을 운용하기 시작했다. 더불어 가정 경제 상황을 한눈에 볼 수 있도록 재정 상태를 매달 엑셀로 만들었다. 그랬더니 통장 잔고가 늘어나는 게 눈에 보였고, 저축하는 데 재미가 붙었다.

경제 공부를 하다 보니 내 성향에 맞는 투자 방법도 눈에 보이기 시작했다. 조금씩 투자에도 도전하게 되었다. 그렇게 퇴사 후 투자로 자본 소득을 벌게 되자 수입이 발생했다.

한때 재정 상황이 어려워질까 두려워 퇴사하지 못했던 때가 있었는데, 생각보다 꽤 안정적으로 굴러가는 것 같았다. 우리 집 경제 상황이 어떻게 관리되고 있는지 궁금해졌다. 그래서 퇴사 전후 1년을 비교해봤다. 당연히 퇴사 전에는 맞벌이를 했으니 아무리 펑펑 써대도 지금보다는 더 모았겠지 싶었다. 그런데 퇴사 전과 퇴사 후 저축액을 비교해보고 깜짝 놀랐다.

내가 회사에 다닐 때보다 퇴사 후 저축 금액이 더 많았다. 평균 연 저축액이 3,000만 원이었는데, 퇴사 후엔 연 저축액이 4,500만 원이었다. 맞벌이를 할 때보다 외벌이하며 모은 돈이 무려 월 100만 원 더 많았다. 계산을 잘못했나 싶어 여러 번 다시 검토해봤지만 계산은 틀리지 않았다. 이럴 수가! 퇴사 후 자산이 더 늘었다니 놀라웠다. 워킹맘 시절의 소비 습관을 반성하게 되었고, 돈에 관심을 갖지 않았던 예전의 내가 후회됐다. 돈에 관심이 있고 없고가 얼마나 큰 차이인지 뼈저리게 느꼈다.

이제 소비 습관을 바로 잡았으니, 수입을 늘릴 방법도 찾아야 했다. 퇴사 후 뭐라도 해봐야겠다 싶어 블로그 포스팅을 시작했다. 블로그에 글을 하나 쓰면 다들 내 블로그에 찾아와 댓글을 달아주는 줄 알았다. 그러나 완전 착각이었다. 검색해도 내 글은 거의 나오지 않았다. 그래도 포기하지 않고, 블로그에 글 올리는 걸 취미 삼아 주 5일 포스팅을 했다. 꾸준히 글을 올리자 블로그에 수천 명에 이르는 이웃이 생겼다. 블로그가 커지면서 블로그 광고 수익이 따라붙었고, 체험단을 통해 생활비를 절약할 수 있었다.

그뿐만이 아니다. 포스트 중 엑셀 가계부 작성 포스트가 인기가 많아지면서 강의 요청이 쇄도했다. 엑셀 가계부를 만들어 올리고 쓰는 법을 블로그에 공유했는데, 엑셀을 사용하는 것이 낯선 이들이 많았는지, 따로 강의를 해줄 수 없느냐는 쪽지와 댓글이 많이 달렸다. '강의를 해본 적이 없는데 내가 사람들에게 도움을 줄 수 있을까?' 싶었지만, 일면식도 없는 나에게 자신의 경제 사정을 시시콜콜 이야기하며 제대로 자산 관리를 해보고 싶다는 사람들이 많아 큰맘 먹고 강의를 하게 되었다.

'부자 가계부 1기'는 온전히 재능기부라 생각하고, 무료로 진행했다. 내가 만든 엑셀 가계부 강의가 시장에서 반응은 어떤지, 타깃들이 원하는 것은 정확히 무엇인지, 보완할 점이 있는지 테스트해보는 기회도 되었으니 무료라고 해서 손해는 아니었다. 또 내가 아는 걸 사람들과 나누는 것이 생각보다 꽤 적성에 맞았다. 부자 가계부 무료 강의를 통해 알려주는 것보다 얻는 게 더 많았다. 사람들의 눈높이에 맞춰 좀 더 쉽게 설명하는 연습도 되었고, 또 한 달에 몇십만 원씩 생활비를 줄여가는 사람들의 후기를 통해, 내 자산 관리툴이 우리 가정뿐 아니라 다른 사람들의 가정에서도 유용하게 활용될 수 있다는 것을 확인했기 때문이다.

그리고 이 강의는 최근 유료 강의인 '월 100만 원 더 모으기(월백더) 돈 관리법' 코칭으로 이어지고 있다. 돈 모이는 가계부 쓰는 법, 통장 정리와 신용카드 활용법, 새는 돈 막고 부가 수입을 늘리는 방법 그리고 내가 직접 만든 셀프 자산 관리툴로 가계 자산을 관리하는 법 등 그동안 쌓아온 노하우를 집약해 똑똑하게 자산 관리하는 법을 코칭하고 있다.

게다가 블로그 이웃이 1만 명이 넘자 블로그 강의 제안도 들어왔다. 블로그 운영 3년의 노하우를 잘 녹여 강의를 시작했고, 이제는 블로그 강의도 쏠쏠한 부수입이 되고 있다. 블로그 하나에서 시작해 여러 수입 파이프라인을 구축해가고 있다.

part
2

재정 관리의 첫걸음, 있는 돈 붙잡기

자산 분석: 보유 자산 철저히 파악하기

벌이가 팍 줄어들면서 돈에 대한 불안감이 커졌다. '돈을 모으고 불리려면 어떻게 해야 할까?'가 나의 가장 큰 화두였다. 퇴사하고 1년 동안은 온종일 살림과 육아를 하다 아이가 잠들면 허겁지겁 서재로 갔다. 그때부터 경제 관련 책을 읽었다. 이틀에 한 권씩 읽을 정도로 책에 푹 빠져 살았다. 주위 사람들은 그게 어떻게 가능하냐며 놀란 표정을 지었지만, 나는 돈 공부가 절실했다.

돈 공부를 이렇게까지 안 한 데는 이유야 많다. 사실 퇴사가 이렇게 갑자기 이뤄질 줄은 전혀 몰랐다. 20대 때 은행 직원 말만 믿고 가입했던 펀드가 반 토막이 났던 트라우마도 한몫했다. 또 주변을 보면 어설프게 투자해 손해 본 사례가 너무 많았다. 그래서 투자는 제대로 공부한 뒤에 해도 늦지 않겠다는 결론을 내고 살포시 접어두었다. 다달이 들어오는 돈이 있고, 또 워킹맘의 하루는 너무 바빴으니까. 하지만 이 모든 이유를 끌어다 대도 근 40년을 돈에 대해 아무 생각 없이 살아왔다는 건 충격적이었다.

그때부터 없는 시간도 쪼개 독서를 했다. 매일 밤 졸린 눈을 비벼가며 책상에 붙어 앉아 책을 읽었고, 매일 아침 경제 신문을 펼쳤다. 그렇게 수십 권의 경제 경영서를 읽다 보니 공통적으로 강조하는 부분을 발견할 수 있었다. 내가 전혀 생각하지 못했던 '종잣돈 모으기'였다. 재테크에서 기본 중의 기본인 개념이었다. 종자는 식물에서 나오는 씨앗으로, 열매를 맺고 꽃을 피우려면 절대 없어선 안 되는 존재다.

돈도 마찬가지다. 자본주의에서 돈을 불리는 방법은 세 가지다. 직접 노동을 해서 벌거나, 어느 정도 노동을 투입한 뒤 반 자동적으로 수익이 발생하는 시스템을 구축해서 버는 것, 그리고 투자를 해서 버는 것. 직접 노동을 해서 버는 건 내가 그간 해왔던 방법으로 이미 알고 있었다. 유튜브 같은 콘텐츠 수익(시스템 수익)을 창출하는 일은 나와는 먼 이야기라고 생각했다. 그러면 투자라도 해야 하는데 나는 투자에 대한 개념이 1도 없었다. 열심히 일하면 부자가 될 수 있을 거라고 막연하게 생각해왔다. 일을 그만두면 당장 소득이 끊기는 걸 당연하게 여기면서 말이다.

하지만 자본주의 시스템에서는 투자로 돈을 버는 방법이 있다. 예·적금도 돈을 모으는 수단이 아니라 이자로 돈을 불릴 수 있듯 주식, 펀드, 채권, 부동산 등 모든 게 투자처였다. 그리고 이를 통해 돈을 불리려면 종잣돈이 필요하다.

직장 생활을 15년이나 하면서 해마다 월급 인상률 1~2%에는 예민하게 굴었어도, 정작 종잣돈이라는 개념은 내 머릿속에 전혀 없었다. 돈에 대해 이렇게까지 백지상태였다니, 나 자신이 한없이 부끄러워졌다. 다행히 경제서를 통해 더 큰 자산을 만들기 위해서는 종잣돈이 반드시 필요하다는 것을 배웠다. 그리고 이 종잣돈을 얼마나 불려서, 얼마로 만들지 세세한 목표를 세워야 한다는 것도 깨달았다. 그러려면 다시 우리 집 재정 상태를 살펴봐야 했다. 1년에 얼마나 모을 수 있을지, 그 돈으로 어떻게 불릴지, 그래서 최종 목표는 얼마인지. 그 첫 번째 단계는 우리 집 자산 파악이었다.

자산 파악을 위해
대차대조표 만들기

자산 파악이 뭐 그리 어렵나 생각하겠지만 '부동산과 예·적금뿐 아니라 보험, 자동차 등을 포함해 전체 자산이 정확히 얼마나 돼요?'라고 물으면 정확한 수치로 말할 수 있는 사람이 얼마나 될까? 생각보다 많지 않다. 나도 그런 사람 중의 한 사람이었다.

부동산과 저축액은 대충 얼마 정도 되는지 알고 있었지만, 연금과 보험은 얼마나 납입했는지 전혀 몰랐다. 가입한 금융상품들이 언제 만기인지도 모른 채 매월 자동이체로 빠져나가고 있었다. '어차피 그래 봐야 얼마 안 될 거야'라며 확인하는 것도 차일피일 미뤘었다.

그러나 이제 돈 관리를 시작하기로 한 이상 무작정 회피할 문제가 아니었다. 우리 집 자산을 정확히 파악할 때가 왔다. 돈을 불리고 싶다는 생각에 투자에만 관심을 가졌었는데, 투자하기 전에 자산 파악이 먼저였다.

나는 경영관리실과 경영기획팀에서 10년 넘게 근무하며 회사의 재정 상태를 파악하고 재정을 관리하는 법을 배웠다. 퇴사 후 방황하던 시절, 내게 남은 건 고작 엑셀을 다루는 능력뿐인데, 이걸 어디다 써먹느냐고 한탄하곤 했다. 그런데 하찮은 재주라고 생각했던 그 능력이 돈 관리에 요긴하게 사용될 줄이야!

우리 집 재정을 관리해야겠다고 마음먹었을 때 회사에서 배웠던 지식과 엑셀은 큰 도움이 되었다. 크게 고민하지 않아도 머릿속에 자산을 어떻게 분류해 파악하면 될지 그림이 그려졌다.

그중 하나가 월말 결산이 끝나면 정리해 보고하던 '대차대조표'였다. 대차대조표라는 용어 자체가 어려운데, 간단히 말하면 일정 시점의 재무 상태를 나타내는 보고서다. 회사에서는 돈이 계속 들고 나가니 매 순간마다 체크할 수는 없는 노릇이다. 그래서 특정 시점을 정해두고, 그때의 전체 재무 상태를 파악하는 것이다.

대차대조표: 특정 시점의 재무 상태를 나타내는 보고서

우리 집 재무 상태가 어떤지 파악하고, 앞으로 어떻게 변화할지 예측하려면 가정용 대차대조표가 필요하다는 생각이 들었다. 대차대조표를 작성하기 위해 먼저 전체 자산을 파악하기로 했다.

1단계: 자산을 전부 조사한다

우리 집 자산에는 어떤 것들이 있을까? 자산이라고 말할 정도의 액수도 아니지만, 현재 가지고 있는 것들을 떠올려보니 부동산, 연금, 보험, 현금이 있었다.

재테크 카페에 들어가 글을 읽어보면 투자는 안 하더라도 기본적으로 예금과 적금은 들던데, 나는 그동안 뭘 한 걸까? 시중 은행에 예금 하나 넣지 않았었다니. 자산을 파악하기 전부터 반성의 연속이다(지금은 이자가 조금이라도 높은 상품이 출시되면 만사 제쳐두고 은행으로 달려간다).

보통 일반 가정 내 자산은 부동산, 연금, 보험, 현금으로 구분할 수 있다. 막상 자산을 파악하려고 보니 기준이 모호한 것들이 눈에 띄었다. '부동산은 작성 시점의 실거래가를 적용해야 할까? 아니면 매수가를 적용해야 할까?', '예금과 적금은 이자율을 포함한 상태로 파악해야 하나?' 등등. 무엇을 기준으로 자산을 평가해야 할지 명확한 기준이 필요했다. 이런 기준이 없으면 매월 자산이 들쑥날쑥하기 때문이다. 그래서 규칙을 정했다.

- 부동산: 전월세 보증금, 자가의 경우 부동산 사이트를 참고해 현재 시점의 실거래가 기입
- 자동차: 중고 시세 사이트를 참고해 기입
- 보험: 작성 시점 해지환급금 기준으로 기입
- 예금·적금: 매월 이자를 산출하는 것은 복잡하고 해약할 가능성도 있으므로 원금만 기입
- 현금: 통장 잔고 기입
- 주식, 펀드 등 투자상품: 월말 일의 종가나 작성 시점 평가액 기입

자산을 조사하는 과정에서 얻는 게 꽤 많았다. 내가 가입했던 모든 은행 계좌의 잔액을 확인할 수 있었고, 그중 자주 사용하지 않는 계좌는 바로 정리했다. 또 사라지는 돈이라 생각했던 보험도 큰 자산이 된다는 걸 깨달았다.

아이 이름으로 주택청약에도 가입했었는데, 5년이나 납입했

더니 꽤 목돈이 되어 있었다. 그런데 미성년자인 기간에 납입한 회차는 모두 인정되는 것이 아니라 24회차만 인정된다는 사실을 알게 됐다. 지금 보니 이자율이 적금상품보다 높지도 않고, 청약통장에 납입한 돈은 자유롭게 입출금할 수도 없다. 예전과 달리 이제는 큰 장점이 없는 상품이었다. 과감히 아이의 청약 계좌를 해지하고, 이자율이 높은 아동 대상의 저축상품으로 갈아탔다. 자산 현황을 파악하지 않았다면 관성처럼 매달 청약저축을 납입했을 것이다.

자산 현황

항목	내역	현재가/추정가
부동산		
자동차		
보험		
예·적금		
현금		
주식, 펀드 등 투자상품		
자산 총합계		

2단계: 부채를 제한다

만약 내가 가진 돈이 100만 원(총자산)인데 이 중에서 빌린 돈이 10만 원(부채)이라면, 나의 자산은 100만 원이 아닌 90만 원(순자산)이다. 그러므로 아파트 구입 시 받은 주택담보대출이나 전세자금대출, 마이너스 통장처럼 빌린 돈이 있다면 자산에서 제해야 한다. 그래야 최종적으로 우리 집의 순자산을 파악할 수 있다.

순자산 = 총자산 − 부채

우리 집 부채에는 어떤 것들이 있을까?

- 주택담보대출, 신용대출, 마이너스 통장
- 자동차 할부금 잔액
- 신용카드 사용액

◦ (세입자가 있다면) 전월세 보증금

　부채라고 하면 대부분 대출은 쉽게 떠올리지만, 자동차 할부금 잔액이나 신용카드 사용액은 부채로 생각하지 않는 경우가 많다. 또 본인 소유의 집을 타인에게 세를 주고 있다면, 다른 사람의 자산을 맡아두고 있는 격이므로 세입자에게 받은 보증금도 부채에 포함시켜야 한다. 이런 항목들을 계산에 포함해야 자산을 정확히 파악할 수 있다. 대출금은 잔액을 기입하고, 신용카드는 기준일까지의 사용액을 기입한다. 이렇게 총자산에서 부채를 제하면 순자산의 규모를 알 수 있다.

부채 현황

항목	내역	현재가/추정가
주택담보대출		
자동차 할부금 잔액		
신용대출 / 마이너스 통장		
신용카드 사용액		
세입자의 전월세 보증금		
기타		
부채 총 합계		

임신하고도 천근만근인 몸을 이끌고 1시간 30분이 넘는 출퇴근길을 서서 오갔다. 입덧이 심해 몇 번이나 지하철에서 내려 토를 하기도 했다. 그렇게까지 일하러 다녔다. 보고서를 많이 썼다고 화를 내는 팀장, 의도적으로 평가 점수를 나쁘게 주는 팀장 밑에서도 악착같이 버텼는데 자산이 너무 적어서 절망적이었다.

자산을 정확히 파악하기 전에는 우리 집 재정 상태가 괜찮을 거라고 지레짐작했다. 재테크를 공부하다 보니 지레짐작하는 것이야말로 가장 멀리해야 할 '적'이었다. 우리 집 자산을 지레짐작해서 재정 목표 없이 살게 되었고, 지출도 대충 파악하다 보니 절약과 멀어졌다. 펀드 투자도 주위들은 대로 하다 보니 큰 손실이 나지 않았는가. 자산을 최대한 수치화하는 게 얼마나 중요한지 깨닫는 순간이었다.

3단계: 자산현황표를 만든다

자산과 부채를 어렵게 파악한 만큼 이것이 일회성으로 끝나선 안된다. 그래서 매월 자산을 파악할 수 있도록 정리하기로 했다. 매달 해야 하기 때문에 효율적인 방법을 찾아야 했다.

요즘은 돈 관리 애플리케이션을 많이 사용하는데, 며칠 써보니 자산을 완전히 파악하기에는 한계가 있었다. 특정 은행이나

자산현황표

항목	총자산	현재가/추정가	부채	현재가/추정가
부동산	현시세/보증금		주택담보대출	
자동차	현재가액		할부잔액	
현금화 자산	현금		신용대출/마이너스 통장	
	예금		신용카드 사용액	
	적금		세입자의 전월세 보증금	
	단기 투자상품		기타	
장기 보유자산	연금			
	청약저축			
	보험			
	장기 투자상품			
자산 합계			부채 합계	
순자산(총자산-부채)				

금융사는 자동 기입이 안 되고, 체크카드랑 통장에서 빠져나가는 금액은 이중으로 기재되는 등 결국 일일이 손이 갔기 때문이다. 그래서 나의 주특기인 엑셀을 활용해 자산현황표를 만들었다. 예금·적금, 투자상품, 보험 그리고 연금까지 한눈에 파악할 수 있도록 구성했다.

처음 자산현황표를 만들어 하나씩 채워 넣을 때는 흩어져 있던 금융상품을 일일이 확인하느라 하루 반나절이 꼬박 걸렸다. 그러나 그다음 달부터는 매월 업데이트만 하면 돼서 1시간도 채 걸리지 않았다. 자산현황표를 만들고 나서 자세히 들여다보니 자산이 전월이나 특정 월 대비 얼마가 줄거나 늘었는지, 자산의 흐름을 한눈에 파악할 수 있었다.

위에 내용을 요약하면, 자산 현황을 매월 파악해 우리 집 자산의 변화를 점검했다. 또 현금화가 가능한 자산과 장기 보유자산으로 구분해 작성했다. 그래야 부동산이나 다른 투자처에 투자할 때 얼마나 여윳돈이 있는지 한눈에 파악할 수 있기 때문이다. 급하게 목돈을 써야 할 때도 잔액 파악이 용이했다. 매월 연금 현황도 파악이 되어 노후 준비에 대한 자각도 할 수 있었다. 자산 현황을 면밀히 파악해보니 재테크를 시작할 때 반드시 해야 할 중요한 일임을 알게 되었다.

내가 만든 자산현황표나 '월 100만 원 더 모으기 돈 관리법' 코칭 시 사용하는 셀프 자산 관리툴은 이 책에 실은 것보다는 더 복잡하다. 돈 관련 상품 즉 예·적금, 투자상품, 보험뿐 아니라 각종 포인트까지 관리할 수 있도록 구성했다. 그러나 내가 작성하는 자산 현황표와 셀프 자산 관리툴은 책을 보며 혼자 작성하기가 아무래도 쉽지 않을 것 같아서 이 책을 보는 독자들을 쉽게 재구성했다.

뒤에 나올 원페이지 가계자산표는 총자산과 부채를 확인해 매달 순자산의 변동을 파악할 수 있도록 구성했다. 또한 남편과 아내의 고정 수입은 물론 보너스나 상여금처럼 특별한 시기에 들어오는 수입도 적을 수 있으며 매달 생활비도 적을 수 있도록 구성해 저축 가능액까지 한눈에 파악할 수 있다. 첫 달 작성하는 게 귀찮을 수 있지만, 그다음부터는 쉽다. 무엇보다 매달 작성하면 집 전체 자산의 변동을 한눈에 파악할 수 있어 돈이 불어난다는 것을 확실하게 자각할 수 있다. 한 달 열심히 살았다는 증거이기도 하니 꼭 작성해보길 권한다.

원페이지 가계자산표 작성하기

스마트폰을 통해 QR로 접속하면 원페이지 가계자산표 양식을 다운받을 수 있고, 활용법 동영상도 시청할 수 있다. 원페이지 가계자산표는 한마디로 한눈에 자산현황을 파악하고자 작성하는 것이다. 우리집 자산과 부채, 수입과 지출의 변화, 저축 가능액의 변화를 막연하게 '어느 정도겠지' 짐작하는 게 아니라 매달 얼마나 늘고 주는지 볼 수 있도록 했다. 첫 달만 채우면, 그 다음 달부터는 변화만 입력하면 되니 미루지 말고 작성해보자.

원페이지 가계자산표(예시)

순자산 Trend

	항목	1월	2월	3월	4월	5월
총자산	부동산, 전월세 보증금	650,000,000	650,000,000	650,000,000	650,000,000	650,000,000
	자동차 중고 시세	25,000,000	24,800,000	24,600,000	24,400,000	24,200,000
	현금	55,000,000	56,000,000	57,000,000	58,000,000	59,000,000
	예·적금, 단기 투자	35,000,000	35,500,000	36,000,000	36,500,000	37,000,000
	장기 보유자산: 청약, 보험, 연금, 장기투자 등	35,000,000	35,500,000	36,000,000	36,500,000	37,000,000
	총합계	800,000,000	801,800,000	803,600,000	805,400,000	807,200,000
부채	주택담보대출	200,000,000	198,000,000	196,000,000	194,000,000	192,000,000
	신용대출/마이너스 통장	30,000,000	29,000,000	28,000,000	27,000,000	26,000,000
	자동차 할부잔액	13,000,000	12,000,000	11,000,000	10,000,000	9,000,000
	세입자의 전월세 보증금	40,000,000	40,000,000	40,000,000	40,000,000	40,000,000
	신용카드	2,500,000	2,500,000	2,500,000	2,500,000	2,500,000
	총합계	285,500,000	281,500,000	277,500,000	273,500,000	269,500,000
순자산		514,500,000	520,300,000	526,100,000	531,900,000	537,700,000
vs. 전월			▲5,800,000	▲5,800,000	▲5,800,000	▲5,800,000

수입 Trend

	항목	1월	2월	3월	4월	5월
남편	월급	5,500,000	5,500,000	5,500,000	5,500,000	5,500,000
	정기 상여금					
	인센티브		1,500,000			
	부수입 등					
	총합계	5,500,000	7,000,000	5,500,000	5,500,000	5,500,000
아내	월급	3,500,000	3,500,000	3,500,000	3,500,000	3,500,000
	정기 상여금					
	인센티브					
	부수입 등	110,000	100,000	90,000	110,000	100,000
	총합계	3,610,000	3,600,000	3,590,000	3,610,000	3,600,000
총합계		9,110,000	10,600,000	9,090,000	9,110,000	9,100,000
vs. 전월			▲1,490,000	▼1,510,000	▲20,000	▼10,000

지출 Trend

항목	1월	2월	3월	4월	5월
지출 총액	3,584,354	3,984,354	3,484,354	3,424,354	3,484,354
보험	288,010	288,010	288,010	288,010	288,010
총생활비	3,872,364	4,272,364	3,772,364	3,712,364	3,772,364
vs. 전월		▲400,000	▼500,000	▼60,000	▲60,000

저축 가능액 Trend

항목	1월	2월	3월	4월	5월
저축 가능액 (수입-지출)	5,237,636	6,327,636	5,317,636	5,397,636	5,327,636
저축 가능액율	57%	60%	58%	59%	59%

6월	7월	8월	9월	10월	11월	12월
650,000,000	650,000,000	650,000,000	650,000,000	650,000,000	650,000,000	650,000,000
24,000,000	23,800,000	23,600,000	23,400,000	23,200,000	23,000,000	22,800,000
60,000,000	61,000,000	62,000,000	63,000,000	64,000,000	65,000,000	66,000,000
37,500,000	38,000,000	38,500,000	39,000,000	39,500,000	40,000,000	40,500,000
37,500,000	38,000,000	38,500,000	39,000,000	39,500,000	40,000,000	40,500,000
809,000,000	810,800,000	812,600,000	814,400,000	816,200,000	818,000,000	819,800,000
190,000,000	188,000,000	186,000,000	184,000,000	182,000,000	180,000,000	178,000,000
25,000,000	24,000,000	23,000,000	22,000,000	21,000,000	20,000,000	19,000,000
8,000,000	7,000,000	6,000,000	5,000,000	4,000,000	3,000,000	2,000,000
40,000,000	40,000,000	40,000,000	40,000,000	40,000,000	40,000,000	40,000,000
2,500,000	2,500,000	2,500,000	2,500,000	2,500,000	2,500,000	2,500,000
265,500,000	261,500,000	257,500,000	253,500,000	249,500,000	245,500,000	241,500,000
543,500,000	549,300,000	555,100,000	560,900,000	566,700,000	572,500,000	578,300,000
▲5,800,000	▲5,800,000	▲5,800,000	▲5,800,000	▲5,800,000	▲5,800,000	▲5,800,000

6월	7월	8월	9월	10월	11월	12월	연간
5,500,000	5,500,000	5,500,000	5,500,000	5,500,000	5,500,000	5,500,000	66,000,000
							-
			1,500,000			1,500,000	4,500,000
							-
5,500,000	5,500,000	5,500,000	7,000,000	5,500,000	5,500,000	7,000,000	70,500,000
3,500,000	3,500,000	3,500,000	3,500,000	3,500,000	3,500,000	3,500,000	42,000,000
		1,000,000				1,000,000	2,000,000
90,000	110,000	100,000	90,000	110,000	100,000	90,000	1,200,000
3,590,000	4,610,000	3,600,000	3,590,000	3,610,000	3,600,000	4,590,000	45,200,000
9,090,000	10,110,000	9,100,000	10,590,000	9,110,000	9,100,000	11,590,000	115,700,000
▼10,000	▲1,020,000	▼1,010,000	▲1,490,000	▼1,480,000	▼10,000	▲2,490,000	

6월	7월	8월	9월	10월	11월	12월	연간
3,424,354	3,484,354	3,384,614	3,279,354	3,484,354	3,348,614	3,279,354	41,610,768
288,010	288,010	288,010	288,010	288,010	288,010	288,010	3,456,120
3,712,364	3,772,364	3,636,624	3,567,364	3,772,364	3,636,624	3,567,364	45,066,888
▼60,000	▲60,000	▼135,740	▼69,260	▲205,000	▼135,740	▼69,260	

6월	7월	8월	9월	10월	11월	12월	연간
5,377,636	6,337,636	5,463,376	7,022,636	5,337,636	5,463,376	8,022,636	70,633,112
59%	63%	60%	66%	59%	60%	69%	61%

3가지 항목으로 자산 분류하기

경제 신문을 읽다 보니 부동산에도 자연스레 관심이 갔다. 살 만한 집이 있을까 부동산을 기웃거렸고, 주택청약으로 새 아파트를 분양받아 볼까 싶어 모델하우스도 방문했다.

그런데 하필 부동산 규제가 강화됐다는 기사가 났다. 내가 살고 있는 서울은 부동산 대출이 매매 금액의 40%까지만 가능했다 (대출은 계속 어려워지고 있다). 그렇다면 나머지 60%의 자금이 확보되어야만 청약을 넣거나 집을 살 수 있다는 건데, 현재 부동산 외에 현금으로 확보할 수 있는 자산이 얼마나 될까? 또 급하게 자금이 필요하면 얼마까지 끌어다 쓸 수 있을까?

이런 상황이 닥쳤을 때 필요한 자금을 한눈에 파악하기 위해 앞서 정리한 자산을 총 3가지 항목으로 구분했다.

- **부동산**
- **장기 보유자산:** 연금, 보험, 청약저축, 장기 투자상품
- **현금화 자산:** 현금, 예·적금, 단기 투자상품

우선 전세 보증금이나 현재 살고 있는 집의 시세처럼 쉽게 빼

쓰기 어려운 자금은 부동산으로, 연금, 보험, 청약저축처럼 단기간 내 해지하기 어려운 상품은 장기 보유자산으로, 예·적금은 급할 때 당장에라도 현금화해서 사용할 수 있으니 현금화 자산으로 구분했다. 이렇게 자산을 분류해 대략적인 금액을 알아두면 갑자기 현금을 써야 할 때 당황하지 않는다.

자산 파악을 통해 얻은 3가지

1. 경제적 자유로의 첫걸음

우리 집 자산이 얼마나 되는지 파악하는 건 당연한 일이다. 그러나 나는 직장 생활 15년 동안 제대로 파악해본 적이 단 한 번도 없었다. 돈 공부를 하면서 가진 돈을 관리하는 게 얼마나 중요한 일인지 깨달았고, 그 첫 단추로 자산을 파악했다. 자산현황표를 통해 흩어져 있는 자산을 한눈에 파악하게 되면서 돈 관리가 수월해졌다. 잠자고 있는 돈을 깨워 적금이나 예금으로 활용할 수도 있었다. 이렇듯 자산 파악은 재테크의 첫걸음이며 경제적 자유로의 출발점이다.

2. 구체적인 자산 목표와 실행 계획을 세울 수 있다

자산을 파악하면 현금과 적금 그리고 투자의 비중이 얼마나 되는지 알 수 있다. 투자자산에 너무 집중된 건 아닌지, 노후자금 비중이 너무 낮은 건 아닌지 파악이 가능하고 필요 시 비중을 변경하기도 쉽다. 자산 현황 파악을 통해 우리 집 형편에 맞는 종잣돈 규모를 세팅할 수도 있다. 뿐만 아니라 현시점의 자산에서 목표를 달성하기 위해 얼마가 더 필요한지도 알게 된다.

나는 필요한 자금을 모으기 위한 단기 자금 목표와 중장기 자금 목표를 세웠다. 그 목표를 달성하기 위해 특판 상품에 더욱 관심을 갖게 되었고, 보다 빨리 이루기 위해 돈 공부에 매진했다.

3. 나의 소비를 되돌아보는 계기가 되었다

우리 집 자산 현황을 상세히 파악해보니 생각보다 자산이 많지 않았다. 많이 모았다고 생각했는데, 생각했던 금액이 아니었다. 우리 집 자산이 왜 이렇게 적은지 과거의 소비 패턴을 되돌아보았다. 반성은 물론 자산을 더 모아야겠다는 결심과 함께 절약을 다짐했다. 자산 파악만으로도 절약할 수 있는 계기가 된 것이다.

지출 분석: 어디에 얼마를 쓰고 있을까

우리 집 자산 규모에 실망했다. 아니 좌절했다. 소비 요정이었던 과거를 뒤로하고 소비를 줄여야겠다는 다짐을 했다. 소비를 줄이려면 뭐부터 해야 할까? 카드 자르기?

그보다 어디에 얼마를 쓰고 있는지부터 알아야 했다. 큰돈을 펑펑 써댄 것도 아닌데 어디서 돈이 새는지 궁금했다. 그래서 가계부를 쓰기 시작했다. 처음엔 가계부를 쓰기만 하면 애쓰지 않아도 지출이 줄 거라고 생각했다. 그렇게 하루 이틀, 한 달, 두 달 가계부를 썼지만 지출이 줄기는커녕 더 늘어나는 달도 있었고, 크게 변화가 없는 달도 많았다. 가계부를 이렇게 꼼꼼히 쓰는데 지출이 전혀 줄지 않다니. 뭐가 잘못된 걸까?

길 잃은 돈을 잡아주는
예산의 힘

그러다 회사에서 했던 일이 떠올랐다. 내가 맡았던 업무 중 하나가 해외 법인의 비용 관리였다. 회사는 이윤 추구를 최우선으로 하기 때문에 불필요한 비용을 철저히 통제한다. 다양한 관리 체계와 절차를 두어 비용을 허투루 사용하지 않도록 매월 점검하고 통제한다. 그 관리 체계 중 하나가 바로 예산이다.

넓디넓은 초원에 양 떼를 풀어놓으면 길을 잃을 수 있다. 그러나 울타리를 쳐두면 길을 잃을 염려가 없다. 돈도 마찬가지다. 지금까지 내 돈은 넓디넓은 초원에 그냥 풀어놓은 양과 같았다. 우리 집 자산이 생각보다 적었던 이유는 길 잃은 돈들이 많았기 때문이다.

예산은 필요한 비용을 미리 헤아려 지출의 기준점을 만드는 것이다. 미래에 필요한 비용을 알려면 지금까지 얼마를 썼는지 먼저 파악해야 한다.

회사에서 비용을 관리할 때 예산은 최근 3개월에서 6개월 동안의 지출을 참고해 수립한다. 항목별로 최근 지출 내역을 분석해 예산을 짜는 것이다. 회사에서 업무를 지시받아 기계처럼 일할 때는 인지하지 못했지만, 체계적으로 지출을 관리하는 툴을 나는 자연스럽게 배우고 있었다. 우리 집에 적용하지 않았을 뿐이다.

단지 실행하지 않았을 뿐인데 결과는 비참했다. 손에 잡히는 자산이 없으니 말이다. 회사 돈은 아주 체계적으로 잘 관리했으면서 왜 우리 집 재정은 이렇게 관리해볼 생각을 하지 못했을까?

6개월간 씀씀이
흔적을 뒤쫓다

회사에서 했던 비용 관리 방법을 하나하나 더듬다 보니 우리 집 비용 관리툴인 가계부를 어떻게 써야 할지 정리가 되었다. 가계부를 쓰기 전에 반드시 해야 할 일은 2가지가 있다. 나는 그것을 뒤늦게 깨달았다.

우선 쓸 수 있는 돈의 바운더리를 만드는 예산을 수립해야 한다. 그렇다면 예산은 어떻게 짜야 할까? 기존에 얼마를 썼는지 알아야 미래에 얼마를 쓸지 결정할 수 있다. 즉 예산을 수립하기 위해서는 먼저 지출을 분석해야 한다. 그런데 나는 무턱대고 가계부부터 쓰기 시작했으니 지출이 줄지 않았던 건 너무나 당연한 결과였다.

지출이 줄어드는 가계부를 작성하기 위해서는 아래와 같은 순서를 밟았어야 했다.

그래서 다시 가계부를 쓰기 전에 첫 번째 단계인 지출 분석부터 시작했다. 나는 살면서 후회라는 말은 거의 꺼내 쓰지 않았다. 일부러라도 후회는 하지 않았다. 어차피 지난 과거는 바꿀 수 없으니까. 혹여 뒤돌아보면 소금 기둥이 될 것 같아 무서워 앞만 보고 달리는 여인처럼 살았다.

재정적인 부분도 마찬가지였다. 카드를 긁으면 다시는 들여다보지 않았다. 카드값이 청구될 시점에도 카드 내역을 꼼꼼히 확인한 적이 거의 없었다. 하지만 이제 가계부를 쓰기로 했으니, 가장 먼저 해야 할 일은 나의 과거(?)를 들추는 것이었다.

애당초 가계부를 제대로 작성했었다면 최근 6개월 지출을 살펴보는 일이 쉬웠을 텐데, 가계부도 제대로 작성해 놓은 게 없었다. 그래서 지출 내역을 모을 방법을 모색했다.

카드 내역은 카드사 홈페이지, 현금 자동이체 내역은 은행 홈페이지에서 찾았다. 이체가 아닌 현금으로 사용한 내역은 가계부를 제대로 작성하지 않아 자료가 없었다. 하지만 현금으로 결제한 횟수가 그리 많지 않아 은행 자동이체 내역으로만 지출을 분석해보기로 했다. 지출 분석을 4단계로 정리했다.

1단계: 사전 질문을 작성한다

6개월 지출 분석을 하기 전에 대략적인 한 달 생활비를 계산해보자. 보통 신용카드 사용액, 관리비, 공과금, 보험, 교육비, 용돈 등 큼직한 돈 꾸러미를 더하면 대략적인 생활비가 파악될 것이다.

1. 월 예상 지출 금액은 어느 정도 될까?
2. 가장 많은 돈을 쓸 것 같은 항목 2~3가지를 꼽아보자.
   (예를 들어 식비, 교육비, 용돈)

본격적으로 지출을 분석하기 전에 우선 머릿속으로 지출 비용을 가늠해보는 것이다. 그리고 지출 분석 후 동일한 질문에 대한 답을 작성해본다. 코칭을 해보면 수강생 대부분이 본인이 예상하고 있는 지출보다 실제 쓴 돈이 최소 100만 원에서 많게는 300만 원까지 많았다.

그리고 가장 많은 돈을 쓸 것 같은 항목도 예상과 전혀 다른 데서 튀어나오곤 했다. 한마디로 생활비가 어디에 얼마나 많이 빠져나가는지 전혀 모르고 있었다는 데 충격을 받고 절약을 다짐했다. 이렇듯 예상 지출액을 떠올려보는 첫 번째 과정은 절약 의지를 불태우는 데 매우 중요하다.

2단계: 카드사와 은행 홈페이지에서 지출 내역을 출력한다

카드사 홈페이지에 들어가 지난 6개월 치 지출 내역을 다운로드 받는다. 보통은 엑셀로 다운받을 수 있는데, 엑셀 다운로드 기능이 없다면 복사해서 엑셀로 옮긴다. 은행 홈페이지 역시 마찬가지다. 지난 6개월 치 이체 내역을 엑셀로 다운로드 받는다.

3단계: 지출 내역을 분류한다

카드 사용 내역과 은행 이체 내역을 월별로 한 파일로 통합한 뒤 각각의 사용 내역을 대분류와 소분류 항목에 따라 구분한다. 그래야 항목별로 매월 얼마를 사용했는지 파악하기 쉽다. 아래의 표는 지출 분석을 위해 내가 정리한 자료다.

참고로 나는 대분류, 소분류를 이렇게 나누고 있다.

대분류	소분류
식비	주식, 외식, 간식, 커피/음료, 술/유흥
주거/통신	월세, 관리비, 공과금, 인터넷/통신
생활용품	가구/가전, 주방/욕실, 잡화소모품

의복/미용	**패션, 헤어/뷰티**
건강/문화	**병원, 문화생활, 여행, 운동/레저, 자기계발**
교육/육아	**유치원, 학원/교재, 육아용품**
교통/차량	**대중교통, 주유, 택시**
경조사/회비	**경조사비, 모임 회비**
세금/이자	**세금, 이자**
용돈	**남편 용돈, 아내 용돈, 아이 용돈**
보험	**보험**
기타	**기타**

대분류와 소분류로 항목 분류하는 방법

대분류와 소분류 항목을 정할 때 정답은 없다. 각 가정에 맞게 구분하면 된다. 경험을 나누자면, 처음엔 쉽게 관리할 생각으로 분류를 너무 뭉뚱그려 대분류만 했었다. 그러다 보니 유독 지출이 높은 항목이 있어 왜 높은지 파악하려면 다시 자료를 들여다봐야 했다. 그래서 커피/어른 음료수/아이 음료수처럼 아주 세세하게 분류했더니 이번에는 관리하기가 번거롭고 귀찮았다. 만약 대분류, 소분류 둘 다 관리하기 어렵다면 소분류로만 나눠도 지출 내역을 한눈에 파악하기 쉽다. 나는 가계부 앱을 참고해 소분류 항목을 구분했더니 쉽게 분류할 수 있었다. 대분류가 식비라면 소분류는 주식, 외식, 간식, 커피/음료 정도로 분류하면 지출 파악이 쉽고 관리도 용이하다.

4단계: 과거 지출 6개월분의 평균을 구한다

마지막 단계다. 항목 분류가 끝나면 과거 6개월 지출 금액을 모두 합한 후 6으로 나눠 6개월 평균 지출 금액을 구한다. 그래야 한 달에 항목별로 얼마를 쓰는지 파악이 되고, 이를 토대로 예산을 짤 수 있다.

단, 지출 분석 시 유의할 사항이 있다. 지난 6개월 이내에 특이 비용이 발생했다면 그런 비용은 제외해야 한다. 예를 들어 노트북을 샀거나 여행을 갔거나 의료비 환급이 있었다면 이런 일시적 비용은 제외해야 예산을 적정하게 수립할 수 있다. 이런 특이 비용을 포함해서 지출 분석을 하면 예산이 크게 잡히거나 너무 적게 편성되어 지출 통제 툴로써 제대로 된 역할을 할 수 없다.

나의 씀씀이와 대면하다

한 달 평균 지출 금액은 460만 원(양육비 100만 원 제외)이었다. 통계청이 발표한 '2020년 1/4분기 가계동향조사' 결과에 따르면 전국 가구당 월평균 가계지출은 394만 5,000원이었다. 소득이 높을수록 가계지출도 올라갔지만, 나는 전국 가구의 월평균 가계지출인 394만 5,000원을 기준으로 삼고 나의 지출을 분석해보기로 했다.

우리 집 한 달 평균 지출 금액인 460만 원을 100%로 잡고 항목별로 비중을 계산해봤다. 변동비용은 71%, 고정비용은 29%였다. 변동비용 중 식비가 34%를 차지하고, 금액으로는 110만 원을 넘었다. 전국 가구당 월평균 식료품비와 외식비(주류 제외)가 77만 5,000원인데, 우리 집 식비는 그것을 훌쩍 넘긴 110만 원이라니. 양가 부모님이 근처에 사셔서 식재료도 자주 주시는데, 도대체 왜 이렇게 많이 나갔을까 의문이 들었다. 그래서 소분류로 항목을 최대한 쪼개보았다. 주식비는 25만 원이었으나, 외식비가 65만 원으로 전국 가구당 월평균 대비 거의 배나 되었다. 그리고 음료/간식비도 아이가 있다곤 하지만 20만 원을 가뿐히 넘기고 있었다. 사실 우리 집은 외식비가 많이 드는 편이다. 양가 부모님이 가까이 계셔 주말에 자주 외식을 했다. 아이를 돌봐주셔서 감사한 마음에 늘 흔쾌히 밥을 샀는데, 그러다 어버이날에 생신까지 겹친 달에는 그 금액이 외식비의 절반을 차지할 때도 있다.

키즈카페에서 사용하는 비용 또한 만만치 않았다. 워킹맘의 숙명이랄까. 주중에 놀아주지 못하는 대신 주말엔 무조건 밖에 데리고 나가야 할 것 같은 압박이 있었다. 한데 체력이 달려 주로 키즈카페를 택하곤 했다. 매 주말 최소 하루, 어떤 주는 토, 일 연속으로 키즈카페에 아이를 풀어놓은 적도 있다. 아침 겸 점심을 외식으로 때우고, 입장료와 간식비까지 내면 한 번 갈 때 5만 원 정도를 쓴다. 이 비용을 모아보니 월 25만 원에 달했다.

금액으로만 볼 땐 보이지 않던 거대한 '식비 지출 뭉치'를 확인할 수 있었다. 길 가다 돈뭉치를 발견했다면 기분이 참 좋았을 텐데, 우리 집엔 지출 뭉치가 떡 버티고 있었다. '식비로 다들 이 정도는 쓰겠지'라고 생각했는데, 이렇게 많이 쓰고 있었는지는 분석하기 전엔 상상도 못 했다.

그리고 육아 관련 비용도 비중이 컸는데, 이건 당연히 써야 하는 비용이고 합리적인 소비라고 생각했다. 내 옷은 맘껏 사지 않으니까 절약한다고 생각했다. 그러면서 아이 옷은 꼭 필요한 지출이라고 여겼는데, 지출 분석을 해보니 과하게 쓰고 있었다. 회사에 다닐 땐 월급이나 인센티브를 받으면 백화점 세일 기간도 아닌데 군이 백화점에 가서 카드를 꺼내 들곤 했다. 꼭 백화점에 가서 사지 않아도 되는데 말이다. 그런 비용을 모아보니 목돈이었다.

소비만 파악해도
절약 의지 치솟는다

쓴 돈은 금세 까먹는다. 특히 카드값은 소리소문없이 은행에서 빠져나가 쓸 때도 부담을 못 느낀다. 이렇게 지출 분석을 해보지 않았다면 외식비, 교육비, 옷값 등에 얼마나 많이 지출하고 있었는지 전혀 인지하지 못했을 것이다. 그러면서 돈이 안 모인다고 잔고가 가벼운 통장을 들여다보며 푸념을 늘어놓았겠지.

지출 분석을 통해 피곤하다며, 요리를 못한다며, 입맛이 없다며 습관처럼 써 댔던 외식비에 대해 반성하는 계기가 되었다. 그동안은 막연히 지출을 줄여야지라고 마음을 먹어도 절약이 잘 되지 않았다. 도리어 스트레스만 받았다. 가계부를 써도 지출이 줄지 않는다며 우리 집 재정 관리를 포기하려고 했었는데, 이제야 왜 지출이 줄지 않았는지 그 이유를 알게 되었다. 지출 비용 중 어떤 항목을 줄여야 할지, 어떻게 절약해야 할지도 깨달았다. 그리고 항목별로 월평균 지출 규모를 파악하게 되어 예산을 짜기 위한 기준도 마련할 수 있었다. 가장 중요한 건 재정 관리를 포기하는 대신 절약 의지를 장착할 수 있었다는 것이다.

6개월 지출 분석하기

QR로 접속하면 지출 분석툴(뒷페이지 참고)을 다운받을 수 있으며, 활용법 강의도 들을 수 있다. 지출 분석은 시간이 들긴 하지만 반드시 거쳐야 할 과정이다. 이 과정 없이는 합리적인 예산 설정을 할 수가 없고 무엇보다 나를 돌아볼 기회도 없을 것이다.

6개월 지출 분석표(예시)

소분류	D-6	D-5	D-4	D-3	D-2
주식	320,000	240,000	250,000	230,000	220,000
외식	640,000	660,000	650,000	670,000	660,000
음료/간식	205,000	200,000	207,000	220,000	210,000
육아 관련	330,000	360,000	350,000	340,000	330,000
양육비	1,000,000	1,000,000	1,000,000	1,000,000	1,000,000
의복/미용	250,000	260,000	275,000	270,000	280,000
생활용품	100,000	90,000	90,000	80,000	70,000
건강/문화	110,000	100,000	111,000	110,000	100,000
교통/주유비	340,000	330,000	347,000	340,000	330,000
남편 용돈	310,000	300,000	320,000	310,000	300,000
부모님 용돈	140,000	160,000	150,000	140,000	160,000
경조사비	40,000	60,000	50,000	40,000	60,000
자기계발	80,000	100,000	90,000	80,000	90,000
여행	260,000	250,000	250,000	275,000	250,000
기타/후원	140,000	160,000	150,000	140,000	160,000
관리비/가스비	210,000	210,000	210,000	210,000	210,000
월세/이자	200,000	200,000	200,000	200,000	200,000
인터넷/TV	31,000	31,000	31,000	31,000	31,000
통신비	85,000	85,000	85,000	85,000	85,000
교육비	420,000	420,000	420,000	420,000	420,000
정수기 렌탈	24,000	24,000	24,000	24,000	24,000
보험료	350,000	350,000	350,000	350,000	350,000
생활비 총합계	5,585,000	5,590,000	5,610,000	5,565,000	5,540,000

D-1	총합계	3개월 평균	6개월 평균	비중
250,000	1,510,000	233,333	251,667	5%
650,000	3,930,000	660,000	655,000	12%
200,000	1,242,000	210,000	207,000	4%
340,000	2,050,000	336,667	341,667	6%
1,000,000	6,000,000	1,000,000	1,000,000	18%
260,000	1,595,000	270,000	265,833	5%
90,000	520,000	80,000	86,667	2%
90,000	621,000	100,000	103,500	2%
350,000	2,037,200	340,000	339,500	6%
320,000	1,860,000	310,000	310,000	6%
150,000	900,000	150,000	150,000	3%
50,000	300,000	50,000	50,000	1%
90,000	530,000	86,667	88,333	2%
250,000	1,535,000	258,333	255,833	5%
140,000	890,000	146,667	148,333	3%
210,000	1,260,000	210,000	210,000	4%
200,000	1,200,000	200,000	200,000	4%
31,000	186,000	31,000	31,000	1%
85,000	510,000	85,000	85,000	2%
420,000	2,520,000	420,000	420,000	8%
24,000	144,000	24,000	24,000	0%
350,000	2,100,000	350,000	350,000	6%
5,550,000	33,440,000	5,551,667	5,573,333	100%

지출 분석을 해본 사람들의 반응

블로그에 가계부 양식을 만들어 올리고, 무료로 다운받을 수 있도록 했다. 그런데 가계부 쓰는 것을 어려워하는 분들이 많았고, 구구절절한 메시지들이 자주 왔다. 안타까운 마음에 가계부를 함께 써봐야겠다는 생각이 들어 '가계부 함께 쓰기 모임'을 만들었다.

첫 주에 멤버들과 함께 지출 분석을 했다. 아래는 지출 분석을 해본 멤버들의 반응이다. 나와 별반 다르지 않다.

· "매일 가계부를 쓰기만 했는데, 이렇게 6개월 지출을 통계 내보니 진짜 많이 놀랐고 반성했어요."

· "생각지도 않은 곳에 너무 많은 돈을 쓰고 있다는 걸 처음 알았어요."

· "도시가스비가 4월에 2번 지출된 사실을 찾아냈어요."

· "지출 분석을 해보니 알게 모르게 소소하게 썼고, 기분 내키는 소비를 하고 있었다는 걸 깨달았어요. 계획 없이 무분별하게 소비한 걸 반성하게 되었어요."

· "몇천 원, 몇만 원 정도야 쓸 수 있다고 생각했던 돈들이 눈덩이처럼 불어나 있더군요."

· "그동안 얼마나 대충 살았는지 지출 분석을 통해 알게 되었어요."

· "일단 지출 분석을 하면서 놀란 부분이 역시나 외식비였어요. 가계부를 쓰기 전에는 그냥 막연히 줄여야지 생각했었는데, 이렇게까지 평소에 많이 쓰고 다녔는지는 잘 몰랐어요."

가계부 함께 쓰기 멤버들과 지출을 분석해본 결과, 생각지도 못한 결과에 다들 놀랐다. 푼돈이 목돈이 된다는 사실도 깨달았다. 그리고 인생에 대해 다시 한 번 되돌아보는 시간이었다는 분들도 있었다. 지출이 내 삶의 흔적이기 때문이다.

예산 수립: 돈이 줄줄 새지 않도록 지출 바운더리 만들기

맞벌이할 땐 벌 만큼 번다고 먹고 싶은 거 다 먹고, 놀고 싶은 거 다 놀고, 하고 싶은 거 다 하며 즐겼다. 그래서 부자라고 생각했다. 그런데 사실은 그렇지 않았다. 부자가 된 기분을 즐겼을 뿐, 당장 일손을 놓는 게 겁나는 상황이었으니 그건 부자가 아니었다.

'배부르면 서고 싶고, 서 있으면 앉고 싶고, 앉아 있으면 눕고 싶고, 누워 있으면 자고 싶다'라는 말이 있듯 인간은 편해지려는 본능이 있다. 만약 직원들에게 월급은 지금과 동일하게 줄 테니 출근하고 싶을 때만 하라고 한다면 꼬박꼬박 출근할 사람이 얼마나 있을까?

그래서 어느 정도 통제할 규칙이 필요하다. 지출도 마찬가지다. 대중교통보다 택시를 타는 게 편해 콜택시를 불렀고, 집에서 밥을 하려면 장 보고, 요리하고, 뒤처리까지 할 게 태산이라 자주 밖에 나가 사 먹었다. '어차피 집에서 해봤자 버리는 게 더 많아'라고 자기 최면을 걸면서. 외식하면 내 몸은 너무 편했다. 그런데 편한 것만 찾다 보니 카드값은 쌓이고 쌓여갔다.

그래서 지출에도 규칙이 필요하다. 수산물을 양식할 때 바다로 떠내려가지 않도록 안전망을 설치하듯 우리 집의 지출도 새지 않도록 지출의 안전망인 예산을 마련해야 한다. 예산은 불필요한 낭비를 막아 지출을 관리하는 중요한 툴로, 지출이 예산 안에만 들어도 가고자 하는 목적지로 잘 가고 있는 것이다. 그래서 예산은 지출 관리의 나침반과도 같다. 예산 없이 되는대로 소비하다 보면 우리가 탄 배는 산으로 갈지도 모른다. 아무리 배의 핸들을 꺾어 봤자 소용없다. 이미 그 배는 산으로 향해 있을 테니.

그럼 예산은 어떻게 짜야 할까? 항목별로 예산을 짜기 위해 6개월 지출을 분석한 자료를 꺼내 들었다. 과거의 지출 자료 없이 예산을 짜는 것은 평소 100미터를 20초에 달리면서 얼토당토않게 12초로 달리겠다고 목표를 잡는 것과 같다. 100미터를 12초에 달리면 선수급이다. 자신의 과거 지출 내역을 파악하지 않고 예산을 짜면 현실성이 떨어진다. 그러면 예산을 수립하는 것이 크게 의미가 없다. 반대로 6개월 지출을 분석한 자료를 토대로 예산을 짜면 현실성 있게 짤 수 있다.

본격 예산
수립하는 법

나는 예산을 짤 때 생활비 총액만 정하는 식으로 두루뭉술하게 수립하지 않았다. 소분류 기준 항목별로 세세하게 나눠 수립했다. 예를 들어 식비 예산으로 50만 원을 편성하면, 식비 안에는 주식, 간식, 커피, 외식 등 다양한 항목이 포함되어 있어 예산보다 많이 써도 어디에 많이 썼는지 쉽게 파악이 되지 않는다. 지출을 줄이고 싶어도 어떤 항목을 줄여야 할지 알 수 없다. 그래서 소분류 기준으로 예산을 짜기로 했다.

먼저 6개월 지출 분석 자료를 항목별로 월평균을 냈다. 그리고 지난 6개월의 월평균 지출보다 적게 예산을 수립했다. 처음 예산을 수립할 때는 5~10% 정도 삭감해 책정했더니 지출을 줄이는 데 도움이 되었다. 예를 들어 지난 6개월 식비 평균이 50만 원이었다면 예산은 5% 줄인 47만 5,000원으로 책정하는 것이다. 모든 항목을 일괄적으로 10% 줄이기보다는 항목별로 예산을 책정해야 예산 내 소비 통제가 가능하다.

생활비 예산표(예시)

[단위: 원]

구분	소분류	돈 관리 전	돈 관리 후	절감 금액	%	비고
변동성 생활비	주식	250,000	220,000	-30,000	-12%	
	외식	650,000	200,000	-450,000	-69%	집밥 해 먹기
	음료/간식	207,200	120,000	-87,200	-42%	
	육아 관련	350,000	60,000	-290,000	-83%	아이 옷, 키즈카페 줄임
	양육비	1,000,000	-	-1,000,000	-100%	아이 돌봄 비용
	의복/미용	275,000	61,000	-214,000	-78%	블로그 체험단 활용
	생활용품	90,000	30,000	-60,000	-67%	블로그 체험단 활용
	건강/문화	111,000	100,000	-11,000	-10%	
	교통/주유비	347,200	312,000	-35,200	-10%	
	남편 용돈	320,000	300,000	-20,000	-6%	
	부모님 용돈	150,000	150,000	0	0%	연간 예산
	경조사비	50,000	50,000	0	0%	연간 예산
	자기계발	90,000	150,000	60,000	67%	자기계발에 투자
	여행	250,000	250,000	0	0%	연간 예산
	기타/후원	150,000	210,000	60,000	40%	후원을 늘리려고 노력
	합계	4,290,400	2,213,000	-2,077,400	-48%	
고정성 생활비	관리비/가스비	205,000	200,000	-5,000	-2%	
	월세/이자	200,000	200,000	0	0%	
	인터넷/TV	31,400	29,400	-2,000	-6%	
	통신비	85,830	80,000	-5,830	-7%	
	교육비	420,000	420,000	0	0%	
	정수기 렌탈	23,800	13,800	-10,000	-42%	
	보험료	350,000	290,000	-60,000	-17%	
	합계	1,316,030	1,233,200	-82,830	-6%	
생활비 총합계		5,606,430	3,446,200	-2,160,230	-39%	

예산 짤 때
알아두어야 할 것들

처음 예산을 짤 때는 쉽지 않았다. 그러나 예산도 몇 개월 짜보니 노하우가 생겼다. 그 노하우들은 다음과 같다.

1. 계절성 특이 비용은 전년도 비용을 참고해 책정한다

우리나라는 사계절이 있어 한 번 짠 예산으로 1년 내내 운영하기에는 어려움이 있다. 특정 월에 비용이 크게 달라지기 때문이다. 여름에는 냉방으로 전기세, 겨울에는 난방으로 가스비를 많이 낸다. 그래서 직전 6개월 평균이 아닌 전년에 지출된 비용을 참고해서 예산을 잡아야 한다. 예를 들어 도시가스비가 월평균 1만 원이라고 해서 12월에도 예산을 1만 원으로 잡으면 안 된다. 12월은 난방으로 인해 도시가스비가 20만 원 정도 나와 예산 대비 당월 지출이 많이 초과되기 때문이다. 그래서 계절에 따라 크게 변동되는 비용은 전년도 비용을 참고해 예산을 책정해야 한다.

2. 예산은 최대한 타이트하게 운영한다

3개월 동안 지출을 줄이려고 부단히 노력했다. 그랬더니 최근 3개월 지출이 매월 예산보다 적어졌다. 펑퍼짐한 티셔츠에 고무줄 바지를 입고 다니면 어느새 뱃살이 불어난다. 그래서 다이어트할 때 옷을 타이트하게 입어야 효과가 크다. 소비 통제도 다이어트와 비슷하다. 예산을 넉넉하게 책정하면 소비도 그만큼 늘어나기 쉽다. 다이어트할 때 옷을 타이트하게 입듯 예산도 최대한 타이트하게 짜야 소비를 줄일 수 있다.

매달 예산을 짜면서 최근 3개월 지출을 살펴보고 3개월 연속 예산보다 적게 사용한 항목은 예산을 더 줄였다. 예산을 책정하는 이유는 지출을 최대한 줄이기 위함이므로 예산을 최대한 줄여 책정하는 점검을 주기적으로 했다. 그랬더니 예산 규모가 점점 줄어드는 게 보였다. 그만큼 나의 소비도 줄었다는 이야기겠지.

3. 무리하게 예산을 축소하지는 말자

매월 예산 목표를 달성하자 성취감이 생겼다. 의지가 불타올라 예산을 무리하게 줄였다. 과유불급, 지나친 것은 미치지 못한 것과 같다더니 내가 딱 그 짝이었다. 매월 예산을 초과하자 동기가 저하되고 절약하고 싶은 마음이 사라졌다. 한 달 외식비 예산을 40% 줄여 18만 원으로 잡았더니, 저렴한 메뉴만 먹으며 아껴도 일주일에 5~6만 원을 넘기곤 했다. 애가 훌쩍 커서 작년에 입었던 옷들이 맞지 않을 거란 생각은 하지도 않고 고정적으로 나가는 아이 의류/장난감 등의 육아 비용을 절반 줄여 10만 원으로 책정했다. 결국 연속 3개월 예산을 초과했다.

몇 번 펑크가 나자 가계부 쓰는 것 자체를 포기하고 싶은 마음이 들었다. 예산을 너무 벗어난 달은 그냥 포기하고 막 써버리기도 했다. 나와의 약속인데, 내가 나한테 너무 빡빡하게 굴어 성취감이 떨어진 것이다. 다시 정신을 차리고 예산을 달성 가능한 목표로 잡았다. 그리고 차츰 예산을 줄여갔다.

4. 연간 행사 비용은 미리 계획한다

회사에서 회계 장부를 작성할 때도 특이 비용으로 인해 특정 월에 비용이 과다하게 발생할 경우를 대비해 실제로는 비용이 발생하지 않았지만 발생한 것처럼 적립해둔다. 예를 들어 광고비는 신제품을 출시할 시점에 발생하는데 그렇게 되면 출시 시점에 비용이 많이 증가해 이익이 확 줄어든다. 그래서 연간 예상 광고비가 2,400만 원이라면 월 200만 원씩 광고비가 나가는 것처럼 처리해두는 것이다. 그러면 매월 나가는 지출이 일정해지고 목돈 지출도 예측이 가능해진다. 매월 남은 자산도 어떻게 굴릴지 미리 계획할 수 있어 자산을 보다 효율적으로 관리할 수 있다.

결혼을 하면 여러 가지 집안 행사가 많아 몇십만 원에서 몇백만 원까지 특정 월에 나가는 경우가 많다. 이럴 때를 대비해 연간 지출 계획을 연말에 미리 세워두고, 매월 연간 지출 비용 통장에 이체해둔다. 그리고 실제로 연간 행사 비용이 발생하지 않더라도 가계부에는 매월 지출로 잡아둔다. 그러면 행사가 있을 때나 특이 비용이 발생하는 시점에도 지출이 크게 튀지 않는다.

연간 행사 비용 계획표(예시)

항목	금액	횟수	총액
명절	200,000	4회	800,000
생신	300,000	4회	1,200,000
기타	200,000	2회	400,000
아버님 칠순	2,000,000	1회	2,000,000
가족여행	3,000,000	1회	3,000,000
시작은아버님 환갑	300,000	1회	300,000
남편 헬스	400,000	1회	400,000
자동차 보험	420,000	1회	420,000
자동차 수리	250,000	1회	250,000
총합계			8,770,000
월 기준			730,833

5. 고정비도 점검해보자

줄일 수 없는 금액은 없다. 보험료, 통신비, 인터넷 사용료 등 고정비는 당연히 빠져나가는 돈이라 생각해 간과했다. 사실 줄이는 방법이 있는지도 몰랐다. 그러다 IPTV 비용 청구서를 살펴보니 집의 유선전화와 통합 가입되어 있어 전화기를 한 달에 한 번만 사용해도 2,000원이 할인되는 서비스가 있었다. 단 한 통화의 전화 사용으로 연간 2만 4,000원을 줄일 수 있었던 것이다. 지난

3년 동안 이런 팁을 챙기지 않아 7만 2,000원이라는 공돈이 새나 갔다. 고정비는 줄일 수 없다고 생각해 점검하지 않았다면 매월 할인받을 수 있는 금액이 지금도 새나갔을 것이다.

이번엔 핸드폰비와 IPTV, 통신비를 점검해봤다. 더 저렴한 회사가 있는지 알아보고, 갈아탈 경우 추가 할인 서비스가 있는 지 문의했다. 이미 통신사 가족 결합으로 할인을 받고 있었지만, 혹시 몰라 통신사에 문의해보니 더 할인받을 수 있는 결합 서비스가 있었다.

남편은 이미 할부금 납부가 끝난 구모델 핸드폰을 사용하고 있었다. 당연히 신모델보다 구모델을 사용하는 게 더 저렴할 거라고 생각했다. 그러던 어느 날 핸드폰 배터리가 없어 잠시 충전하러 핸드폰 대리점에 들어갔다가 놀라운 사실을 발견했다. 신모델 프로모션과 중고폰 가격 보장 프로그램을 활용하면 최신형 핸드폰을 구모델보다 저렴하게 사용할 수 있다는 것이다. 구모델에 배신감을 느꼈다.

바로 통신사 가족 결합을 신규 결합 서비스로 변경하고 중고폰 가격 보장 프로그램을 적용받아 최신형 핸드폰으로 교체했다. 그랬더니 남편과 내 통신비, IPTV, 인터넷 사용료로 총 13만 7,000원을 냈는데, 11만 4,000원으로 줄어 한 달에 2만 3,000원씩 절약할 수 있었다. 한 달 절약 금액만 보면 얼마 안 되는 듯 것 같지만, 연간으로 따지면 27만 6,000원이나 절감할 수 있다.

6. 렌털할 때는 신중히

가전제품 소비 패턴이 구매에서 대여로 바뀌고 있다. TV, 냉장고, 식기세척기, 스타일러 등 생활가전은 물론 침대와 매트리스, 소파, 책상 등 가구류까지도 대여해주는 시대가 왔다. 생활가전과 가구는 사실 구매하려면 부담스럽다. 반면 대여비는 월 2~3만 원 내외라 저렴하게 느껴져 계약을 쉽게 하는데, 1년으로 따지면 연 24~36만 원의 돈을 지급하는 셈이다. 보통 렌털은 3년 약정이므로 약정 기간을 따져보고 구매보다 저렴한지 반드시 비교해봐야 한다. 또 위약금 부분도 알아두어야 한다. 대여 시 약정기간을 정하는데, 약정 기간 내에 해약할 경우 위약금을 내야 하기 때문이다. 최근엔 워런티가 제대로 제공되지 않은 사례도 있다고하니 대여 서비스를 계약할 때는 심사숙고 후 계약해야 한다.

우리 집은 생수를 사다 먹었는데, 생수를 사러 갔다가 자주 장을 보게 되어 지출이 늘었다. 해본 사람은 알겠지만, 생수를 사러가는 일도 꽤 번거롭다. 주유비에 시간까지 고려하면 정수기 렌털이 저렴했다. 1년 정도 신나게 사용하고 있었는데, 우연히 더저렴하게 사용할 수 있는 방법을 알았다. 매달 2만 3,000원을 내고 있었는데 연계된 신용카드를 사용하면 1만 원이나 할인을 받을 수 있다는 것이다. 정수기 점검 나온 직원이 알려주지 않았다면 지금도 2만 3,000원씩 내고 있었을 것이다. 3년 계약 중에 이미 1년이 지났지만, 남은 2년은 월 1만 원씩 할인받아 24만 원을 절약할 수 있게 되었다.

렌털 서비스를 이용한다면 할인 혜택을 모조리 끌어모아야 한다. 렌털 서비스는 장기 계약이기 때문에 이런저런 혜택을 잘 챙기면 지출 금액을 꽤 많이 줄일 수 있다.

7. 중요 항목별 예산은 대략이라도 기억한다

고정비까지 점검하며 마른 수건을 쥐어짜듯 예산을 짜냈다. 예산은 절약의 길라잡이인데 짜놓은 예산이 컴퓨터에만 저장되어 있어 보기 어렵다면 이는 무용지물이다. 그래서 대략적인 예산 금액을 머릿속에 넣어두었다. '식비는 한 달에 30만 원, 이번 주 식비 예산은 5만 원' 이렇게 말이다. 그러면 예산을 초과해 집행하는 일이 적고 사전 관리가 가능하다.

항목별로 예산 금액을 다 외우기는 어려워 작게 프린트해 지갑에 넣고 다니거나 핸드폰으로 촬영해서 언제 어디서든 꺼내 볼 수 있도록 했다. 엑셀 가계부를 쓰고 있어서 스마트폰으로도 수시로 열어 확인할 수 있었다.

이미 엎어진 물은 다시 주워 담기 어렵다. 지출도 마찬가지다. 이미 다 써버린 돈은 통장으로 다시 담을 수 없다. 그래서 초과 사용하기 전에 예산 대비 얼마를 사용했는지 수시로 확인했다.

가계부만 쓴다고 절약이 되진 않는다. 예산을 책정하고 예산을 점점 줄여가는 수고와 그 예산 안에서 집행하려는 노력이 수

반되어야 한다. 그래야만 '든든한 잔고'라는 달콤한 열매가 뒤따른다. 그냥 얻어지는 건 하나도 없다. 재테크도 열심히 노력하는 만큼 얻을 수 있다.

8. 교육비도 무조건 넘기지 말고, 꼼꼼히 살펴본다

고정비 중 가장 큰 비용은 아마도 교육비일 것이다. 초중고 사교육비뿐만 아니라 유아 사교육비도 만만치 않다. 내 주변만 봐도 여섯 살 아이들이 그렇게 바쁠 수가 없다. 독서논술, 미술, 축구, 영어 등은 학원으로 배우러 가고, 국어와 수학 과목은 집에서 학습지로 공부한다. 유치원비에 이런 사교육비까지 더하면 유아 시기에 들어가는 교육비도 무시할 수 없을 정도로 큰 금액이다.

통계청 자료에 따르면 초중고 사교육비 월평균은 2016년 25만 6,000원, 2017년 27만 2,000원, 2018년 29만 1,000원으로 점점 늘어나는 추세다. 현실이 그렇다면 주변 엄마들 따라 나도 가르쳐야 할까? 아이가 원하는 과목이 있다면 모두 가르쳐야 할까? 아이 교육은 대개 엄마가 담당하고 있어 엄마가 중심을 잡아야 한다.

최근 우리 아이가 영어 수업을 체험해보더니 수업을 받고 싶다고 말했다. 사교육은 최소한으로 시키겠다고 굳은 결심을 했는데, 막상 아이가 원하니 내 마음이 가을날 갈대처럼 마구 흔들렸다. 그냥 시켜줄까도 고민했지만, 내가 조금 더 부지런해지기로 했다. 그리고 아이에게 돈은 한정적인 재화라는 사실을 설명해주고 영어 수업에 대해 생각해보는 시간을 가졌다.

"시형아, 우리가 버는 돈이 10개라고 하면, 이 아파트를 관리해주시는 경비 아저씨와 엘리베이터를 타는 비용으로 1개를 내야 해. 그리고 김밥이나 카레를 만들려면 장을 봐야 하지? 그래서 또 1개를 써야 해. 전기와 물을 쓰는 비용으로도 1개를 써야 해. 그렇게 돈 9개를 쓰고 1개가 남았어. 남은 1개를 영어 수업하는 데 쓸래? 아니면 엄마랑 영어 공부하고 시형이가 가고 싶어 하는 키즈카페에 갈 때 1개를 쓸래? 시형이가 선택해 봐."

아이는 자신 있게 대답했다.

"둘 다 할래요!"

"시형아! 돈이 1개밖에 남아 있지 않아서 두 개 다 할 수는 없어. 하나를 선택해야 해."

아이는 눈동자를 요리조리 굴리며 고민하는 표정을 지었다.

"그럼 키즈카페 갈 때 쓸래요."

남편은 아이가 원하니 영어 수업을 받게 하라고 했지만, 엄마가 조금만 부지런 떨어 홈스쿨링을 하면 월 16만 원, 연으로 환산하면 192만 원을 절약할 수 있다. 난 단호히 'NO'라고 답했다. 초중고 교육비가 점점 늘어나는 추세인데, 교육비가 지속해서 늘어나는 상황이라면 그대로 두지 말고 꼭 필요한 교육인지 점검해볼 필요가 있다. 그리고 관리도 중요하다.

참고로 교육비 예산을 수립할 때는 좀 더 세부적으로 나눌 필요가 있다. 수업료, 교복 구입비, 급식비, 방과 후 학습 등은 학교 관련 비용으로, 학원비, 학습지, 기타 학습은 사교육비로 분류해 상세히 관리해야 한다. 요즘에는 교육비를 줄여주는 할인 카드가 많이 나와 있으므로 할인 카드를 알아보고 5~10% 할인도 챙겨보자.

9. 보험 리모델링이 필요하다

보험에 대해서는 밤을 새워도 모자랄 정도로 할 말이 많다. 보험료도 고정비 중 큰 비중을 차지하는 비용이다. 이건 나뿐만 아니라 가계부를 함께 쓴 1기 참여자 모두 고민하는 문제였다. 하지만 '보험료는 매달 알아서 잘 나가고 있겠지'라며 들여다볼 생각도 하지 않았다. 아니 머리 아파서 들여다보기 싫었다.

보험에 가입하는 목적은 어려운 상황에 맞닥뜨렸을 때 수술비와 병원비 등을 받기 위함이다. 그런데 나는 보험상품에 가입하는 것만으로 내 의무를 다했다고 생각했다. 제대로 알고 가입한 것도 아닌데 말이다. 보험에 가입할 때 주계약과 특약 등을 꼼꼼히 분석해서 가입한 사람이 얼마나 될까? 대부분은 친구나 지인의 말만 듣고 가입한 경우가 대부분일 것이다. 나처럼 말이다.

보험에 가입하려고 알아봤는데 보험회사도 많고, 상품도 너무 다양해 선택하기가 어려웠다. 같은 상품인데도 보험 설계사마다 다르게 설명하니 코에 걸면 코걸이, 귀에 걸면 귀걸이가 되었다. 보험 전문가지만 보험 설계사의 말만 듣고 결정하기는 어려워 보험에 관해 잘 알아보고 가입해야겠다는 필요성을 느꼈다. 보험에 대해 먼저 공부하고 가입했다면 좋았겠지만, 이미 가입한 상태라 보험 리모델링이 필요했다. 자산을 불리기 위해 자산 파악을 먼저 하듯 보험 리모델링을 위해 가입한 보험을 우선 파악했다.

1단계. 보험 요약표를 만든다: 가입한 보험 한눈에 파악하기

보험 가입 목적, 보험사, 가입/만기 시기, 갱신 여부 등을 한눈에 파악할 수 있도록 작성했다. 보험은 한 번 가입해두고 묵혀두는 것이 아니다. 특히 갱신형 보험은 보험료가 갱신되는 시점에 다시 보험료를 확인할 필요가 있다. 가입한 상품의 만기가 언제인지도 반드시 확인해야 한다.

서민금융진흥원 자료에 따르면 2019년 8월 말 기준 휴면보험금 계좌는 567만 좌이며 액수로는 5,612억 원이다. 휴면보험금은 보험 계약자가 해약, 만기 등으로 인해 발생한 환급금을 3년 안에 찾아가지 않아 보험회사가 보관하고 있는 돈이다. 보험을 해지하거나 만기 시점이 되었을 때 가입자가 신청해야 받을 수 있다. 그러므로 보험 요약표를 만들어두면 그 시점을 쉽게 파악할 수 있어 내 돈을 제때 찾아올 수 있다.

보험 요약표(예시)

[단위: 원]

피보험자	종류	회사	가입	만기	납입기간/ 보험기간	갱신 여부	월 납입금액	검토사항
남편	종합	삼성화재	2012년 4월	2032년 4월	20년 납 /100세 등	갱신	120,000	갱신 특약은 오를 때마다 검토하고 뺄 것
	암보험 + 운전자보험	DB손해보험	2019년 8월	2049년 8월	30년 납 /90세 만기	비갱신	52,435	운전 안 할 경우 특약 빼기
아내	암보험	흥국화재	2013년 10월	2033년 10월	20년 납 /100세 등	비갱신	53,820	
	종합 (실비 포함)	메리츠화재	2011년 4월	2033년 10월	20년 납 /100세 등	갱신 /비갱신	25,000	2033년 이후 20년 납 특약/ 7,262원은 빠짐/ 실비 오를 수 있음
아이	종합	메트라이프	2019년 3월	2044년 3월	15년 납 /30세	비갱신	16,710	
	실비	동부화재	2015년 8월	2030년 8월	15년 납	갱신	13,000	2030년 검토
화재 보험	화재보험	메리츠화재	2019년 8월	2039년 8월	20년 납 /20년 만기	비갱신	10,000	
Total 보험료							290,965	
연금	연금	오렌지 라이프	2011년 4월	2021년 3월	10년 납	비갱신	200,000	2021년 10년 납입 후 해지할지 결정

2단계. 보장 분석표를 작성한다: 중복되거나 부족한 보장 내역 파악하기

보험은 가입해두었지만, 어떤 보장을 받는지 몰랐다. 보험 증서는 왜 이렇게 두껍고 글씨 크기는 왜 그렇게 작은지 돋보기를 꺼

내야 할 판이었다. 그래도 가입한 보험들의 보장사항만이라도 살펴보기로 했다. 대충 훑어봤는데 일상생활배상책임 특약이 남편도, 나도, 아이 보험에도 가입되어 있었다. 몇 년 동안 보험회사 좋은 일만 하고 있었던 것이다. 가입한 보험을 따로따로 보니 보장사항이 제대로 파악되지 않았다. 그래서 가입한 보험별, 보장사항별로 정리하기 시작했다.

그런데 이럴 수가! 아이 보험을 100세 만기로 가입했는데 보장 분석표를 살펴보니 3대 질병인 암, 뇌혈관질환, 심장질환 보장이 전혀 없었다. 100세까지 커버하는 보험인데도 말이다. 또 비갱신이라 생각했는데 특약을 보니 치아보험이 3년 갱신 특약이었다. 리모델링이 시급했다. 불필요한 특약은 빼고, 3대 질병에 대한 보험을 보완했다. 보장 분석표를 작성해보지 않았다면 보험에 무지했던 나는 지금까지도 전혀 몰랐을 것이다.

이전에는 암보험에 가입했으니 암에 걸리기만 하면 몇천만 원을 보장받을 수 있다고 막연하게 생각했다. 그런데 보장 분석표를 작성해보니 갑상선 암, 경계성 종양 등의 유사암은 진단비가 소액이었다. 가족 구성원별, 가입한 보험별로 보장 내역을 정리해서 어떤 보험이 부족하고, 어떤 특약이 중복되어 있는지 한눈에 파악할 수 있었다. 보장 내역을 직접 일일이 작성하기 어렵다면, 보험 설계사에게 요청해보자. 요즘엔 보험 설계사를 통해 내가 가입한 보험 전체의 보장 내역을 받아볼 수 있다.

3단계. 보험 설계사와 논의한다: 세부사항 직접 문의하기

'열 길 물속은 알아도 한 길 사람 속은 모른다'는 속담이 있는데, 사람 속보다 더 모르겠는 것이 있다. 바로 보험이다. 너무 복잡하고 어렵다. 보험은 한 번 가입하면 최소 몇십 년을 유지해야 하는 장기 상품이므로 꼼꼼하게 따져봐야 한다. 이때 필요한 사람이 바로 보험 설계사다. 내가 가입한 보험 설계사들에게 연락해 보험 리모델링 컨설팅을 받았다.

대신 보험 리모델링 견적을 한 군데가 아니라 세 군데 정도 받았다. 그랬더니 공통적으로 보완하고 해지해야 할 사항을 추려낼 수 있었다. 보험을 갈아타는 팁이나 가성비 좋은 보험 등 보험에 대한 여러 가지 좋은 정보도 얻을 수 있었다.

보험에 대해 모르는 것이 있으면 완전히 이해될 때까지 보험 설계사가 귀찮아할 정도로 자주 문의했다. 대개 보험 설계사들은 친절해 누구보다 잘 설명해준다. 이렇게 좋은 과외 선생님께 잘 배웠으니 보답을 해야겠지? 나는 주위에 인터넷 보험보다 설계사를 통한 보험 가입을 원하는 지인이 있으면 그 보험 설계사를 소개해줬다.

4단계. 보장 기준을 정한다: 나만의 기준 스스로 정하기

보험에 가입하기 전 우선 본인이 어떤 보험에 가입할지 기준을 세워야 한다. 치료비만 보상받을지, 입원비 등 발생하는 모든 비용을 보장받을지 말이다. 또 아이 보험을 100세까지 가입할지 아니면 아이가 30세가 되면 스스로 가입하도록 30세 만기로 가입할지, 암 진단비, 질병 사망 등의 큰 비용이 커버되는 보험만 가입할지 아니면 세세한 특약도 모두 가입할지 등 기준을 정해야 한다.

이런 기준 없이 보험 설계사의 말만 들었더니 설계사마다 다 다르게 얘기해 혼란스러웠고 어떤 보험에 가입해야 할지 정하지도 못했다. 사람마다 생애 계획이 다르고, 또 가족력에 영향받는 질병이 있을 수도 있으므로 스스로 기준을 세워야 최대한 나에게 맞는 보험을 설계할 수 있다. 보험 리모델링을 하려면 반드시 나만의 기준을 먼저 세우고, 보험 설계사에게 상담받는 것이 좋다.

보험 가입 및 리모델링 시 알아두어야 할 것

가입한 보험을 파악했는데 보험이 엉망진창이라면, 지금이 본격적으로 리모델링을 할 타이밍이다. 보험 계약사항을 하나하나 살펴보고 중복된 특약은 과감히 뺀다. 적립보험료가 있다면 최대한 줄여 월 보험 납입료를 줄일 방법을 찾아야 한다. 보험 리모델링을 하며 체크할 사항들을 정리해보았다.

1. 다이렉트 보험(온라인 보험)으로 가입한다

보험 설계사를 통해 보험에 가입하면 수수료가 높을 수밖에 없다. 그래서 보험다모아, KS 자산관리 등의 온라인 보험을 비대면으로 가입했다. 온라인 보험도 전화로 친절하고 상세히 설명해주기 때문에 보험을 모른다고 두려워하지 말고, 다이렉트 보험사 2~3군데 상담을 받아보자. 단, 실비보험은 보험 설계사를 통해 가입했다. 실비보험은 보험 설계사의 수수료가 적은 편이며, 보험 설계사에게 보험 청구 팁을 받거나 보험에 대해 문의하기가 쉽다.

2. 가성비 좋은 보험은 꼭 가입한다

가족일상생활배상책임보험, 주택화재보험, 운전자보험은 꼭 가입한다. 화재나 일상생활배상 등의 일이 발생할 확률은 낮지만 사고가 발생하면 가정 경제에 큰 타격을 입히기 때문이다.

예를 들어 우리 집 누수 때문에 아랫집이 손해를 입는 경우 큰 금액을 보상해줘야 한다. 또 자전거를 타고 가다 행인과 접촉 사고가 나거나 아이가 야구를 하다 이웃집 유리를 파손할 수도 있다. 이를 대비해 가족일상생활배상책임보험에 가입했다. 보장성 보험이나 실비보험에 가족일상생활배상책임 특약을 추가할 수 있으며 보험료도 2,000원 정도로 저렴하므로 꼭 가입하는 것이 좋다.

집에 화재가 일어나면 막대한 재산 피해를 입게 된다. 냉장고나 세탁기, TV 및 컴퓨터 등 고액의 가전제품이 포함되어 있어 재정적으로 큰 타격을 입는다. 아파트에 거주하고 있다면 단체로 가입된 경우가 있지만, 보장 금액이 높지 않기 때문에 확인해봐야 한다. 화재는 한 번 발생하면 가정에 큰 피해를 주기 때문에 미리 가입해두어야 한다. 기존에 가입한 보험 중에 화재보험 특약을 추가할 수 있는지 확인해보고, 가능한 경우 화재보험 특약을 추가하면 더 싸게 가입할 수 있다.

또한 운전자보험은 내가 가해자가 되었을 때 민사 건이 아닌 형사 건에 대한 보장을 받기 위한 것으로, 교통사고처리지원금, 벌금, 변호사 선임비용 등에 대해 보장받을 수 있다. 한 번의 교통사고로도 수천만 원의 비용이 나갈 수 있으므로 미리 대비해두는 것이 좋다. 자동차보험 가입 시 운전자보험 특약을 추가할 수 있으며, 암보험과 같은 보장성 보험에 운전자보험 특약을 넣으면 운전자보험을 단독으로 가입하는 것보다 훨씬 저렴하게 가입할 수 있다.

Plus info_ 잊지 말자!

○ 가족일상생활배상책임보험과 주택화재보험은 이사할 경우 보험사에 반드시 통보해야 한다. 주택화재보험의 경우 평수가 변경될 때도 통보해야 화재가 발생했을 때 최대로 보장받을 수 있다.

○ 가족일상생활배상책임보험, 주택화재보험, 운전자보험은 단독으로 가입하는 것보다 기존에 가입한 보험에 특약으로 추가하는 것이 더 저렴하다. 우선 기존 보험에 특약을 추가할 수 있는지 고객센터나 보험 설계사에 문의해보자.

3. 3대 질병인 암, 뇌혈관질환, 심장질환은 보장 범위가 넓은 보험으로 가입한다

남자는 전립선암과 방광암, 여자는 유방암과 자궁암의 발병률이 높지만 치료 비용이 많이 들지 않아 특정 소액암으로 분류되는 경우가 많다. 특정 소액암 진단비는 말 그대로 소액으로 치료가 가능해 진단비도 일반암 진단비에 비해 적은 편이다. 소액암 보험료는 일반암 보험료보다 저렴하지만 발병률이 높기 때문에 남녀 생식기 관련 암, 즉 특정 소액암이 일반암에 포함되어 있는지 확인해야 한다. 일반암에 특정 소액암 제외라는 특약이 있는지 꼭 확인해보고, 소액암이 일반암에 포함되도록 가입하는 것이 좋다. 소액암일지라도 암 발병으로 인해 일하지 못하게 되면 수입이 중단되고 병원비, 생활비 등 많은 돈이 지출되기 때문이다.

보험 증권을 살펴보면 뇌혈관 및 심장질환은 보통 뇌출혈, 급성 심근경색으로 가입되어 있다. 그런데 이럴 경우 뇌졸중으로 진단받게 되면 보장을 받을 수 없다. 뇌/심장질환은 뇌혈관질환, 허혈성 심장질환으로 가입해야 뇌/심장질환 진단비 보장 확률이 100%가 된다.

뇌혈관질환 > 뇌졸중 > 뇌경색, 뇌출혈
허혈성 심장질환 > 급성 심근경색

4. 갱신형 vs. 비갱신형

비갱신형 보험은 예를 들어 20년 납 100세 만기로 가입하면 20년 동안 보험료를 선납하고 100세까지 보장을 받는 보험이다. 즉 미래에 발생할 일에 대해 대가를 일정 기간 미리 지불하는 것이다. 그래서 20~30대 때 보험에 가입하려고 견적을 내면 갱신형 보험보다 비갱신형 보험료가 비싸다. 비갱신형 보험료를 낮추려면 보험료 납입기간을 최대한 길게 하면 된다. 그러면 사고가 발생했을 경우 보장은 전부 받고 남은 기간 동안 보험료는 납입하지 않아도 된다.

예를 들어 30년 납 90세 만기 암보험에 가입했는데 납입 5년
후 암에 걸렸다면 보험금은 받고 남은 납입기간의 보험료는 내지
않아도 되는 셈이다. 즉 보험 납입기간을 최대한 길게 가져가면
혹여 암에 걸리더라도 보험료를 적게 내고 혜택을 받을 수 있다.
단, 보험료 납입기간은 길게 가져가되 퇴직 시점을 넘기지 않도
록 한다. 65세에 퇴직하는데 80세까지 보험료를 내야 한다면 고
정비가 높아 은퇴 후 가정 경제에 부담이 된다.

인터넷이나 TV 홈쇼핑을 보면 갱신형은 안 좋은 보험이라는
식으로 말하는데, 정말 갱신형 보험은 가입하면 안 될까? 보험을
최대한 많이 들면 좋겠지만, 가정 경제 상황에 맞게 가입해야 한
다. 만약 암보험 예산이 10만 원인데 비갱신형 보험으로만 가입
하려고 보니 암 진단비가 4,000만 원이라면, 암 진단비 3,000만
원 보장에 8만 원짜리 비갱신형 암보험에 가입하거나 암 진단비
2,000만 원을 보장해주는 갱신형 보험 2만 원을 추가하면 보장
금액을 높일 수 있다.

요즘에는 갱신형 보험도 암 진단비는 갱신 주기가 3년이 아닌
20년인 상품도 있다. 갱신형 보험은 자녀가 독립하는 시점까지
납입하고 그 이후 보험료가 부담되면 해지할 수 있다. 갱신형 건
강보험은 실손보험이나 자동차보험처럼 소멸형이므로 해지하면
환급금이 적지만, 비갱신형은 선납 개념이므로 해지해도 환급금

이 어느 정도 된다. 또 갱신형 보험은 납입 완료라는 개념이 없어 보장받는 기간까지 보험료를 내야 하지만, 비갱신형 보험은 일정 기간 보험료를 내면 더 이상 보험료를 내지 않아도 된다.

어떤 보험도 안 좋은 보험은 없다고 생각한다. 나이대, 소득, 질병 유무 등 상황에 맞춰 어떻게 잘 가입하느냐가 중요하다. 나는 비갱신형 보험으로만 가입하기에는 보험료가 부담되어 메인으로 비갱신형 보험을 몇 개 들고 서브로 갱신형 보험에 가입해 보장금액을 최대화했다.

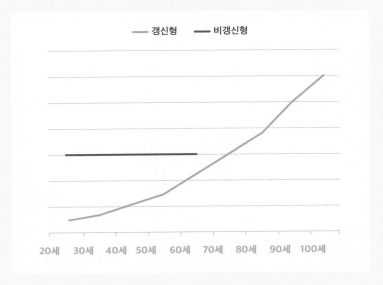

갱신형 vs. 비갱신형 보험료 비교

5. 가입한 보험도 정기적으로 점검한다

100세 만기인 보험에 가입했더니 왠지 마음 한구석이 든든하다. 100세까지 보장받을 수 있으니 이제 보험은 다시 들여다볼 필요가 없다고 생각했다.

그런데 만약 30세에 100세 만기 5,000만 원 보장되는 암보험에 가입했다면, 50년 후에 5,000만 원의 가치는 어떨까? 물가상승률을 고려하면 지금의 절반도 안 될지도 모른다. 또한 평균 수명이 늘어 경험 생명표 기준이 현재는 100세인데, 120세나 130세로 늘어난다면 보완해야 하지 않을까? 의학기술의 발전에 따라 대비해야 하는 질병이 달라질 수 있고, 신종 질병이 발생할 가능성도 있으니까.

보험 가입의 정답은 없다. 그리고 한 번 가입한 보험을 평생 가져가기에는 여러 가지 변수가 생길 수 있다. 그러므로 20~30대에 가입한 보험을 평생 유지한다고 생각하기보다 정기적으로 보험을 점검하고 보완해나가야 한다.

6. 적립보험료 없이 순수 보장형으로 가입한다

어머님께서 가입해주신 남편 종합보험을 살펴보니 총 보험료가 12만 원인데, 보장보험료 9만 원에 적립보험료 3만 원으로 되어 있었다. 적립보험료 3만 원의 해지환급금을 보니 2012년도 4%의 적용이율로 산출했을 때 30년 후에는 100%를 받을 수 있지만, 공시이율로 환산했을 때 100세 만기 시점에도 원금을 받지 못하는 구조였다. 원금도 돌려받지 못하는데 적립보험료를 낼 필요가 있을까? 적립보험료를 내는 것보다 CMA 통장에 넣어두는 게 훨씬 낫다. 하지만 적립보험료를 전부 뺄 수는 없고 2만 원 정도 줄일 수 있다고 해서 바로 줄였다. 줄인 적립보험료 2만 원을 아이 적금에 보탰다.

7. 현명하게 보험 갈아타는 법

보험 중에는 면책기간이 있는 보험이 있다. 면책기간이란 보험사에서 보험 책임을 지지 않는 기간이다. 암보험은 보통 면책기간이 90일이기 때문에 바로 해지하고 새로운 보험에 가입하면 90일 동안 일이 생겨도 보장을 받을 수 없다. 따라서 보험료를 내지 않아도 2개월은 효력이 유지되기 때문에 기존 보험을 지급 정지한 후 2개월 후에 해지하는 것이 좋다. 즉 기존 보험의 유지 기간 2개월과 갈아탈 보험의 면책기간 2개월이 겹치도록 가입하는 것이다. 그러면 보험을 갈아타면서 보장받지 못하는 기간이 90일에서 30일로 줄어든다.

8. 보험 수익자를 미리 지정한다

보험 계약자가 보험 수익자를 지정할 수 있으나 대부분의 가입자들은 잘 모른다. 그래서 보험 가입할 때 보험 수익자를 별도로 지정하지 않을 경우 법정 상속인으로 자동 지정된다. 그러나 보험 업계 관계자들은 수익자를 미리 지정해둘 것을 권장한다. 법정 상속인으로 지정되어 있을 경우 구비해야 할 서류가 훨씬 많고, 복잡하기 때문이다.

혹 수익자가 미성년자이거나 공동 상속으로 상속자가 여러 명이라면 구비해야 할 서류는 더 많아진다. 또한 상속인 간의 분쟁으로 법정 다툼까지 갈 수 있다. 그리고 계약자가 불의의 사고로 중증환자가 되면 보험금 신청이 어렵다. 재정적인 여유가 없어 수술비, 병원비 등을 처리하기 위해 보험금을 청구해야 하는데 보험금을 받으려면 복잡한 절차 때문에 시간이 오래 걸린다. 그러므로 남편과 아내 보험의 수익자를 각각 지정해두고 부모님 보험의 수익자도 상의해 미리 지정해둔다. 특히 치매와 간병 관련 보험 가입 시 수익자나 지정 청구 대리인은 반드시 해둬야 한다.

9. 특약 추가가 가능하다

보험은 한 번 가입하면 특약 추가가 불가능한 줄 알았다. 사실 보험에 가입할 때 주계약도 이해 안 되는 것이 있는데, 그 많은 특약을 하나씩 읽다 보면 이해 안 되는 것투성이다. 그렇다고 그냥 가입하자니 뭔가 찜찜하다. 계속 고민만 하다가 필요한 보험에 가입하지 못하고 몇 달을 들고 있었던 적도 있다.

보험에 가입할 때는 가장 중요한 계약사항인 사망 진단금, 암 진단비, 수술비, 입원비 등을 잘 살펴보고 나머지 특약은 본인이 기준을 세우는 게 중요하다. 보험료가 얼마 안 되면 가입했다가 나중에 빼도 좋다.

특약 추가는 쉽지 않지만 배서제도를 통해 기존의 보험에 특약을 추가할 수 있다. 질병 특약은 추가하기 어려우나, 상해 특약은 심의를 통해 추가가 가능하다. 단, 보험사나 가입한 보험마다 조건이 다르므로 고객센터에 문의해보자.

자동차보험 가입 시 챙겨야 할 사항

자동차보험은 차량이 있다면 반드시 가입해야 하는 보험으로, 매년 새로 가입해야 한다. 따라서 좀 더 꼼꼼히 살펴볼 필요가 있다. 재린이(재테크 어린이) 시절에는 시어머님의 지인을 통해 대면으로 자동차보험에 가입했다. 그러다 재테크에 눈을 뜨면서 대면 보험과 다이렉트 보험의 가격 차이가 크다는 걸 알게 되었다. 그래서 자동차보험 만기 시점이 가까워지길 손꼽아 기다렸다. 만기 한 달 전, 다이렉트 보험으로 견적을 받았다. 예상했던 것보다 비용 차이가 더 컸다. 10만 원 가까이 차이가 났으니 말이다. 5년 동안 대면 보험으로 가입했으니 자동차보험료 1년 치가 날아간 셈이다.

이런 일을 겪고 금지 명령을 내렸다. 돈이 나가는 일에 무관심한 태도로 대하는 것은 이제 금지다. 5년 동안 한 번만이라도 다이렉트 보험으로 견적을 받았다면 조금이라도 절약할 수 있었을 것이다. 이제는 다이렉트 보험에 가입할 때도 할인받을 수 있는 혜택이 있는지 꼼꼼히 따져본다.

1. 할인 특약 꼼꼼히 챙기기

자동차보험은 할인 특약이 다양하기 때문에 가입하기 전에 반드시 먼저 확인해야 한다. 그래야 조금이라도 저렴하게 가입할 수 있다. 주행거리 할인 특약, 블랙박스 할인 특약 등의 혜택을 확인한 후 자신에게 가장 잘 맞는 보험사를 선택하는 것이 좋다. 자동차보험은 사고 이력, 운전 경력, 운전자 나이, 차종 등에 따라 보험료가 차이 나기 때문에 가입 전에 조건을 꼼꼼하게 확인해야한다. 또한 어린 자녀가 있는 운전자의 경우 자녀 할인 특약을 적용받으면 자동차보험료를 할인받을 수 있다. 자녀가 어릴수록 할인 금액이 크며, 임신 중일 경우에도 적용 가능한 상품이 있으므로 꼭 확인하고 비교한 뒤 가입한다.

2. 차량의 세부 모델명 확인

차의 세부 모델명을 제대로 알고 자동차보험에 가입해야 한다. 첫 번째 이유는 자동차보험료를 산출할 때 적용되는 요율이 차종과 연식을 기준으로 세부 모델의 옵션에 따라 달라지기 때문이다. 첨단 안전장치나 편리한 운전을 위해 여러 가지 옵션을 추가했다면 보험료가 내려갈 수 있다.

두 번째 이유는 세부 모델명을 모를 경우 큰 사고가 났을 때 불이익이 생길 수 있기 때문이다. 예를 들어 그랜저 고급형인데 그랜저 표준형으로 가입하면 차량가액이 몇 백 차이가 난다. 게다가 큰 사고가 날 경우 차량가액에서 이미 차이가 나므로 보상을 제대로 받을 수 없다. 세부 모델명 확인이 어렵다면 해당 다이렉트 보험사 콜센터에 전화해 문의하면 된다.

3. 운전할 사람의 범위와 나이 확인

자동차를 본인 한 사람만 운전하면서 '누구나 운전'으로 운전자
범위를 정해놓는 경우가 많다. 보험 설계사인 친구의 말에 따르면
자동차보험은 매해 갱신형이라 새로운 보험이 출시되고, 운전자
범위가 갈수록 세분화된다고 한다. 그런데 가입자 대부분은 작년
에 가입한 대로 습관적으로 가입하는 경우가 꽤 많다. 자동차보험
을 갱신할 때는 반드시 운전자 범위를 확인하자. 세분화된 운전자
범위를 잘 활용하는 것만으로도 보험료를 절약할 수 있다.

운전자의 범위가 넓을수록, 운전자의 나이가 낮을수록 자동차
보험료는 비싸게 책정된다. 만약 운전자 범위 설정이 애매하다면
주로 운전하는 사람만 가입한다. 혹 여행이나 명절 등에 보험에
가입하지 않은 사람이 운전해야 할 때는 보험사에 전화해 한시적
으로 보험 범위를 넓히는 방법도 있다.

4. 수입차 보상을 위해 대물배상 상향 조정하기

국내 시장에서 수입차 판매가 증가하고 있다. 우리나라 국민소득
이 높아지고, 무역 장벽이 낮아짐에 따라 주변에서 수입차를 쉽
게 볼 수 있다. 그로 인해 수입차 사고 건수도 늘었다. 따라서 수
입차 보상 및 수리 부담을 덜기 위해서는 대물배상, 자기차량손

해담보 등의 물적 담보 비중을 상향해 보상 한도를 높이는 것이 중요하다. 수입차는 수리비가 비싸고, 부품을 조달하는 데 소요시간이 오래 걸려 렌트비도 많이 발생한다. 외제차충돌대물확대 특약에 가입하면 외제차와 충돌사고가 발생했을 경우 대물배상의 가입금액을 늘려 보상받을 수 있다.

5. 자동차상해 담보로 선택하기

자동차보험 가입 시 대부분 자동차상해와 자기신체사고 담보 중 자기신체사고로 가입한다. 그러나 보상 내용에는 차이가 많다.

- **자동차상해:** 보험 가입금액 한도에서 병원 치료비 전액, 일하지 못해 발생하는 휴업 손해, 위자료, 기타 비용 청구 가능함. 본인 과실 관계없이 보상받음.
- **자기신체사고:** 보험 가입금액에 따른 상해 등급에 해당하는 금액만 보상. 과실상계에 따라 공제해 보상받음.

보험료는 운전자의 운전 경력, 나이, 사고 경력에 따라 차이가 난다. 만약 보험료가 큰 차이가 나지 않는다면 자동차 사고를 대비해 가입하는 보험인 만큼 사고가 발생했을 때 든든하게 보상받을 수 있도록 자동차상해로 가입한다.

6. 자동차보험 만기 시점에 확인해야 할 사항

1) 자동차보험 만기일 확인하기

1년에 한 번씩 갱신되는 자동차보험은 책임보험이다. 의무적으로 가입해야 하기 때문에 보험에 가입하지 않고 차량을 운행할 경우 범칙 행위로 과태료가 부과될 수 있다. 따라서 본인의 자동차보험 가입 기간 및 만기 날짜를 확인하고 갱신 기간 이내에 꼭 재가입해야 한다. 나는 캘린더 앱에 만기 시점 한 달 전부터 알람이 뜨도록 설정해두었다.

2) 할인 쿠폰 확인하기

자동차보험에 가입하면 대개 자동차 관련 정비 및 장치 등에 대한 쿠폰북과 할인 쿠폰을 보내준다. 쿠폰북과 할인 쿠폰을 받으면 캘린더 앱에 필요한 시기마다 알람이 뜨도록 설정해두자. 그래야 알뜰하게 모두 사용할 수 있다.

3) 마일리지 특약에 가입했다면 환급금 정산하기

마일리지 특약 환급제도는 연간 주행거리가 짧은 고객들에게 이미 납부한 보험료를 환급해주는 혜택으로, 각 보험사마다 주행거리 책정기준과 환급률은 조금씩 다르다. 자동차보험 만기 전, 마일리지 특약 내용을 확인하고 환급금을 정산하면 된다.

4) 자동차보험 견적 내보고 포인트 챙기기

자동차보험은 선택이 아니라 의무적으로 가입해야 한다. 이왕 가입해야 하는 보험이라면 받을 수 있는 혜택을 모두 챙겨보자. 그래서 나는 만기 한 달 전부터 자동차보험 견적을 내고, 포인트를 받는다. 3만 원 이상의 포인트를 챙길 수 있으니 부지런히 견적을 내보자. 그리고 매년 새로운 자동차보험 상품이 출시되므로 꼼꼼히 비교해본 후 가입한다.

5) 자동차보험 과납보험료 환급받기

자동차보험료를 과하게 납부했다면 돌려받을 수 있다. 자신의 운전 경력이 자동차보험 가입 경력 인정 대상인지, 경력이 제대로 보험료 산정에 반영되었는지, 과납보험료 금액 등을 확인해본다.

금융감독원 파인사이트(fine.fss.or.kr)의 '잠자는 내 돈 찾기'에 들어가 '자동차보험 과납보험료'를 조회하면 된다. 만약 과납보험료가 있을 경우 해당 보험회사를 통해 환급받을 수 있으며, 보험회사의 고의·과실로 인한 과납보험료에 대해서는 이자도 돌려받을 수 있다.

세금, 관리비 등 고정비도 줄여보자

세금, 아파트 관리비, 전기세, 통신비 등 고정비는 늘 나가는 돈이라 관심 밖이었다면 이젠 관심 안으로 들여놓자. 다양한 방법을 활용하면 철벽같아 건드릴 수 없을 것 같던 고정비도 줄일 수 있다. 고정비도 알뜰살뜰 절약하는 나만의 비법을 정리해보았다.

1. 재산세, 부가가치세 등 국세

재산세, 부가가치세, 소득세 등 모든 국세는 현금 대신 다양한 포인트로 납부할 수 있다. 위택스 또는 카드로택스(신용카드 납부 전용 사이트)에서 최대 500만 원까지 신용카드 포인트로 세금을 납부할 수 있다. 지류 백화점 상품권을 통신사 멤버십 할인 및 상품권 할인숍을 통해 2~10% 할인받아 구입한 뒤 포인트로 전환해 납부하면 적지 않은 혜택을 누릴 수 있다. 서울시의 경우 세금 납부 앱 'STAX'를 활용하면 T머니 마일리지와 우리은행의 위비꿀머니, 서울시 에코 마일리지, 서울시 승용차 마일리지, 신세계 SSG 등 제휴된 포인트로도 재산세 납부가 가능하다. 또한 간편 결제 서비스인 카카오페이, 페이코, SSGPAY, 네이버페이로도 결제가 가능하다. 해당사의 이벤트 혜택을 확인해 포인트나 지류 백화점 상품권을 저렴하게 구입한 뒤 간편 결제 서비스로 납부하면 할인 혜택을 받을 수 있다. 단, 그때그때 할인 혜택이 달라지므로 미리 검색해서 알아보는 것은 필수다.

2. 자동차세

자동차를 소유하고 있다면 반드시 내야 하는 세금이다. 자동차 절세 방법으로 연납 제도는 많이 알고 있을 것이다. 자동차세를 1월과 6월 등으로 나눠 내지 않고 한 번에 납부하면 세액을 최대 10%까지 감면받을 수 있는 제도다. 연납 제도는 얼마나 빨리 납부하느냐에 따라 공제율이 달라진다. 1월에 내면 10%, 3월에 내면 7.5%, 6월에 내면 5%, 9월에 내면 2.5%의 공제를 받는다.

승용차 마일리지 제도를 이용하는 것도 절약할 수 있는 좋은 방법이다. 승용차 마일리지 제도는 가입 후 1년간 주행거리 감축을 실천하면 서울시에서 감축 정도에 따라 2~7만 마일리지(1포인트=1원)를 제공한다. 이렇게 쌓인 마일리지는 현금으로 전환할 수 있으며 자동차세, 재산세 등 지방세 납부가 가능하다. 그리고 문화 상품권이나 도서 상품권으로 교환할 수도 있다. 구청이나 동 주민센터를 방문하거나 온라인 '승용차 마일리지 사이트(driving-mileage.seoul.go.kr)'에서 신청할 수 있으니 활용해보자.

3. 아파트 관리비

아파트 관리비는 생활비 신용카드의 자동납부 할인 서비스가 있다. 전월 이용 실적에 따라 할인율이 다르지만 7,000원~2만 원 정도의 할인을 받을 수 있다. 또 지류 백화점 상품권을 2~10% 할인받아 구매한 뒤 간편 결제 서비스로 결제하는 방법도 있다. 단, '아파트아이' 사이트나 앱으로 관리비 납부가 가능한 아파트만 해당된다.

4. 전기세

서울시에서 운영하는 에코 마일리지 제도(ecomileage.seoul.go.kr)는 전기, 수도, 도시가스를 절약하면 마일리지로 적립해주는 프로그램이다. 회원가입 시 전기, 수도, 도시가스를 등록해두면 6개월 주기로 집계해 그 절감률에 따라 마일리지로 적립되고, 이는 현금 전환이나 재산세, 자동차세 등 지방세 납부가 가능하다.

또 한국에너지공단에서 시행하는 으뜸 효율 가전사업을 활용하는 방법도 있다. 고효율 제품을 구매한 후 환급 신청을 하면 구매 비용의 10%를 환급해준다. 개인별 한도는 30만 원이다. 구매는 온·오프라인 어디서나 가능하며, 반드시 에너지 소비효율 등급 라벨이 있어야 한다. 환급이 가능한 제품은 TV, 에어컨, 냉장고, 세탁기, 전기밥솥, 공기청정기, 김치냉장고, 제습기, 냉온수기, 진공청소기, 의류건조기까지 총 11개 품목이며, 환급 신청은 으뜸 효율 환급 사업 홈페이지(rebate.energy.or.kr)나 모바일 앱에서 가능하다.

가정용 전력 소비 형태 조사에 따르면, 전기밥솥의 보온 기능이 냉장고나 에어컨보다도 전기를 더 많이 소비한다고 한다. 맛 평가 실험에서도 장시간 보온 상태로 보관된 밥보다 냉동 보관했다가 해동한 밥이 더 맛있는 것으로 나타났다. 따라서 전기밥솥은 밥을 짓는 용도로 사용하고 보관은 냉동했다가 데워 먹는 것이 에너지도 절약되고 밥맛도 더 좋게 하는 방법이다.

마지막은 한 번만 설정하면 전기세가 줄어드는 꿀팁이다. 우선 냉동고는 -18도로 설정하고, 냉장실은 4도로 온도를 맞춘다. TV는 절전 모드로 설정해두고, 에어컨은 사용하지 않는 계절에는 코드를 뽑아둔다. 1년에 한두 번만 설정하면 되므로 이 3가지는 반드시 실천해보자. 그리고 외출하기 전에 셋톱박스와 공유기 코드를 뽑아두면 전기세를 아낄 수 있다. 처음에는 코드 뽑는 것이 귀찮고 습관이 되지 않아 잊어버릴 수도 있지만, 습관이 되면 10%의 에너지 절약을 할 수 있다.

통장 쪼개기: 목적별로 자산 관리하기

공 던지기 놀이를 한다고 생각해보자. 색깔별로 10개씩 던져 과녁에 맞춰야 한다. 그런데 4가지 색깔 공이 한 상자에 20개씩 들어 있다면 어떨까? 색깔별로 10개씩만 던져야 하기 때문에 몇 개씩 던졌는지 일일이 손을 꼽으며 공을 던져야 할 것이다.

지출도 마찬가지다. 통장을 나누지 않고 월급 받은 통장에서 그대로 지출하게 되면, 뭐가 언제 어디로 빠져나갔는지 일일이 헤아리기 어렵다. 더 많이 지출할 가능성도 높다. 변동비 예산으로 60만 원을 책정했지만, 통장에는 예산보다 훨씬 많은 돈이 들어 있는 것이다. 거기에는 비상금, 카드값, 관리비가 모두 엉켜 있고 말이다.

만약 공을 색깔별로 10개씩 나눠놓으면 어떨까? 딱 10개만 던질 수 있다. 11개를 던질 일이 없다. 통장도 목적별로 쪼개놓으면 1차적으로 통제가 되어 예산을 초과해 지출하는 일이 없어진다.

통장 쪼개는 방법(예시)

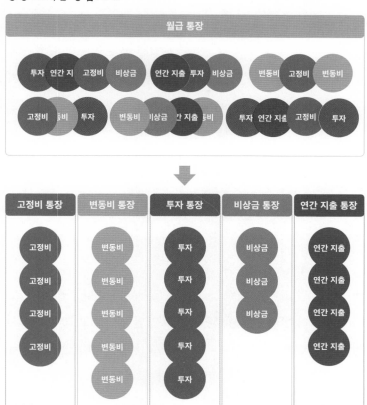

통장 쪼개기에 열정이 불타올랐다. 월급 통장, 변동비 통장, 대출이자 통장, 고정비 통장, 투자 통장 등으로 너무 많이 분리했더니 오히려 관리하기가 어려웠다. 3개월 운영해본 결과, 4~5개 정도로 분리하는 것이 가장 관리하기 쉬웠다.

1. 월급 통장(고정비 통장)

월급 받는 통장과 매월 고정적으로 나가는 비용을 연계해두었다. 고정비는 신용카드로 결제하도록 설정해 카드사 혜택을 챙겼다. 보험사마다 다르지만, 카드 결제가 가능한 보험사가 있으므로 가입한 보험사 고객센터에 문의해보고 카드로 연계해두자. 카드 실적도 챙기고, 카드사 혜택도 받을 수 있다.

2. 변동비 통장

통장 쪼개기에서 가장 중요한 것이 변동비 통장 관리다.

1) 체크카드를 사용한다

변동비는 말 그대로 매월 변동될 수 있는 비용이다. 그래서 반드시 통제해야 한다. 상자에 파란 공 10개만 넣어두고 10개 내에서만 던질 수 있도록 말이다. 신용카드로 사용했더니 변동비를 얼마나 사용하는지 파악이 되지 않았다. 그러니 통제가 될 리 없었다. 그래서 변동비는 체크카드로만 사용했다.

2) 예산을 주 단위로 이체한다

매월 체크카드에 변동비 예산 금액을 이체했다. 처음엔 한 달 치 변동비 예산 금액을 이체해두었더니 예산을 초과하는 경우가 많았다. 그러면 비상금 통장에서 야금야금 꺼내 쓰게 되었다. 그래서 주 단위로 바꿔 이체했더니 예산 내로 통제할 수 있었다. 매주 이체하기 번거롭다면 2주에 한 번 이체해도 좋다.

3) 체크카드 사용 내역을 알림 문자로 받는다

신용카드는 사용하면 알림 문자가 오는데, 체크카드는 별도의 알림 문자가 오지 않았다. 어디에 얼마를 사용했는지, 잔액은 얼마나 남았는지 궁금했다. 그래서 사용 내역 알림 문자를 신청했다. 300원 정도의 비용이 발생하지만, 잔액을 확인해야 지출을 통제할 수 있다. 내 예상대로 통제를 해서 더 많은 금액을 절약할 수 있었다. 우리은행처럼 앱을 통해 알림 서비스를 제공하는 은행도 있어 무료로 이용할 수도 있다.

3. 비상금 통장

비상금 통장에는 주 수입원이 불가피한 일로 끊길 경우를 대비해 급여의 2~3배를 넣어두었다. 그랬더니 급하게 목돈이 필요할 때 마이너스 통장을 사용하며 이자를 내는 일을 막을 수 있었다. 비상금 통장은 하루만 돈을 넣어둬도 이자를 받을 수 있는 CMA 통장을 사용했다.

4. 연간 지출 비용 통장

연간 발생할 수 있는 특이 비용을 예상해 12개월로 나눠 매월 이체했다. 그러면 특정 월에 비용이 튀지 않아 자산 관리가 쉽고, 다음 달의 비용도 어느 정도 예상이 된다. 매월 저축액이 비슷해져 적금을 여러 개 굴려도 납입하지 못하는 달이 거의 없었다.

5. 투자 통장

투자를 할 때도 원칙이 필요하다. 투자는 내 급여의 20%만 한다든지, 수익이 10% 정도 나면 매도한다든지 말이다. 투자 금액은 시장 상황에 맞게 변동되지만, 매월 일정 금액을 이체해두었다. 그러면 그 금액 안에서만 투자하게 되어 무리하게 투자하는 일을 미연에 방지할 수 있다.

예산으로 1차 지출을 통제했다면 통장 쪼개기를 통해 한 번 더 통제해보자. 예산이 지출의 바운더리를 만들어주는 틀이라면 통장 쪼개기는 지출을 반강제적으로 통제하는 틀이다. 또 이 과정에서 여기저기 통장에 숨어 있는 내 돈을 찾을 수도 있다.

Step 5
돈 지키기:
가계부 쓰기부터 월말 결산까지

가계부를 안 써본 건 아니다. 워킹맘 시절에도 가계부를 썼다. 신용카드를 긁으면 가계부 앱으로 자동 연동되는 게 전부였지만. 그리고 한 달에 한 번 정도 생각나면 전체 카드값을 확인하곤 했다. 사실 가계부를 썼다고 말하기엔 부끄러울 정도다. 그냥 지출 내역 자동 기록부였다.

그때 내가 사용한 변동 생활비는 평균 200만 원 이상이었다. 어떤 달은 300만 원을 넘기기도 했다. 이 금액은 핸드폰비나 아파트 관리비 등과 같은 고정비와 남편이 사용한 카드값은 제외한 금액이다. 남편 카드값과 대출 이자, 아이를 돌봐주시는 부모님께 드리는 양육비 등의 고정비까지 합하면 400~500만 원이 훌쩍 넘었다.

하지만 재정 관리를 시작하자 가계부 쓰기가 180도 달라졌다. 우리 집 자산을 집으로 비유하면, 지출 분석과 예산 수립은 땅을 고르는 기초 공사와도 같다. 이제 기초 공사가 끝났으니 절약해 종잣돈이라는 기둥을 올릴 차례다. 예산을 짜고 첫 달은 지출할 때마다 신경 썼더니 총예산 내로 잘 사용했다.

그런데 두 번째 달부터는 자꾸 예산을 초과해 통장 잔액이 부족했다. 결국 비상금 통장에 손을 댔다. 그때 예산 소분류 항목대로 지출한 내역을 기록해야겠다는 필요성을 느꼈다. 바로 가계부 말이다.

가계부를 체계적으로 쓰자 변동 생활비가 200~300만 원에서 90만 원, 50만 원, 심지어 26만 원까지 줄었다.

이렇게 어마어마한 효과를 직접 겪은 나는 가계부 쓰기를 강조하지 않을 수 없다. 그래서 주변 엄마들에게 가계부를 쓰는지 물어보고, 가계부는 꼭 쓰라고 입이 닳도록 얘기한다. 그러면 대부분 어차피 월급이 통장을 스쳐 지나가 '텅장'이 된다고 말한다. 그래서 가계부를 안 쓴다는 핑계를 댄다. 월급이 스치지 않게 꼭 붙잡아주는 것이 바로 가계부인데, 왜 이런 일이 발생할까?

가계부를 쓰는데도
지출이 줄지 않는 이유

소비 요정에서 절약 요정으로 바뀐 나. 그렇게 절약 마인드를 장착하고 가계부를 쓰자 실제로 통장에 돈이 쌓이는 게 눈에 보였다. 그때부터 나는 가계부 전도사가 되었다. 그런데 가계부를 쓰라고 권하면 이렇게 말하는 분들이 많다.

- "가계부를 쓰는 데도 지출이 줄지 않아요."
- "가계부를 쓰면 스트레스만 받아요."
- "도통 가계부를 어떻게 써야 할지 모르겠어요."

가계부를 쓰는 데도 지출이 줄지 않았던 사람, 그 사람이 바로 나였다. 가계부를 쓰는 데도 지출이 줄지 않았던 이유는 다 있다.

1. 가계부를 일기 쓰듯이 쓴다

가계부를 쓰면서 왜 가계부를 써야 하는지 의미를 알지 못했다. 그냥 일기 쓰듯 착실히 '적는 행위'에 의미를 부여하고 썼다. 솔직히 가계부를 쓰기만 하면 지출이 자연스럽게 통제될 줄 알았다. 하지만 지출 분석을 하지 않고 가계부만 작성했으니 우리 집 생활비는 크게 변동이 없었다.

2. 가계부는 쓰지만, 지출을 줄일 의지가 없다

가계부를 쓰며 지출 내역을 봐도 줄여야겠다는 의지가 없었다. 가계부 쓰기의 가장 중요한 것이 바로 '절약 의지'인데도 말이다. 나는 유행에 민감한 여자고 욜로YOLO가 요즘 트렌드라며, 그 욜로에 가담해 사고 싶은 건 주저 없이 다 샀다. 그러다 보니 가계부를 써도 지출이 줄기는커녕 오히려 늘어나는 달이 더 많았다.

3. 지출 내역을 보며 점검하지 않는다

주간·월간 결산을 하고, 예산 대비 어떤 항목이 초과했는지, 초과한 이유는 무엇인지 철저히 분석하고 반성해야 한다. 그래야 다음에 지출할 때 한 번 더 생각하고 줄이려고 노력하게 된다. 그러나 나는 가계부를 쓰면 그것으로 끝이었다. 다시 들여다보지 않았다. 결과는 지출이 예전과 크게 달라지지 않을 수밖에. 나의 소비 패턴을 보며 점검하는 노력이 있어야 지출을 줄일 의지도 생기고, 조금이라도 소비가 줄게 되는 것임을 나중에야 깨달았다.

가계부
제대로 쓰는 법

여기까지 읽은 분들은 단순히 가계부를 적는다고 절약 금액이 팍

팍 늘어나지 않는다는 걸 눈치챘을 것이다. 그런데 가계부를 매월 작성하다 보니 지출을 줄이기 위한 노하우가 하나둘 쌓였다. 가계부 쓰기가 어렵고, 가계부를 써도 지출이 줄지 않는다면 노하우를 잘 살펴보길 바란다. 분명 도움이 될 것이다.

가계부 쓰는 순서
주 단위 예산 수립 → 매일 가계부 쓰기 → 주 결산 및 차주 예산 수립
→ 월말 결산

1. 가계부를 작성하기 전에 주 단위로 예산을 수립한다

예산은 Step3에서 설명한 대로 수립했다. 그대로 월간 예산을 수립하고 가계부를 썼는데, 예산보다 초과하는 달이 있었다. 예산을 짜고 한 달간 소비를 한 뒤 결산을 하면 예산보다 지출이 초과돼도 돌이킬 수 없다.

　그래서 주 단위로 한 달 예산을 미리 수립한 후 지출도 주 단위로 관리했다. 항목은 소분류 기준으로 예산을 수립했다. 예를 들어 지금이 1월 말이라면 2월 예산을 2월 1주 차, 2주 차처럼 주 단위로 수립하고, 월 예산을 전체적으로 사전 점검하는 식이다. 한 달 예산을 미리 수립하는 것도 중요하지만, 주 단위로 더 세분화해 수립하면 예산의 정확도를 높이고 지출 통제도 가능하다. 물론 예산을 짜며 지출을 관리하겠다는 다짐은 필수다.

주 단위 예산 작성표(예시)

대분류	소분류	1주 차	2주 차	3주 차	4주 차	5주 차	월간 예산
식비	주식	70,000	70,000	70,000	70,000	70,000	350,000
식비	외식	50,000	50,000	50,000	50,000	50,000	250,000
식비	부식/간식	20,000	20,000	20,000	20,000	20,000	100,000
식비	커피/음료	10,000	10,000	10,000	10,000	10,000	50,000
주거/통신	관리비					110,000	110,000
주거/통신	공과금					25,000	25,000
주거/통신	인터넷/통신					130,000	130,000
주거/통신	월세					200,000	200,000
생활용품	주방/욕실		20,000		20,000		40,000
생활용품	생활용품 기타				13,000		13,000
의복/미용	헤어/뷰티			50,000			50,000
건강/문화	자기계발				200,000		200,000
교육/육아	학원/교재비					150,000	150,000
교육/육아	교육/육아 기타					300,000	300,000
교통/차량	대중교통비				80,000		80,000
교통/차량	주유비	50,000	50,000	50,000	50,000	50,000	250,000
경조사/회비	모임 회비	20,000	20,000	20,000	20,000	20,000	100,000
용돈/기타	남편 용동					400,000	400,000
보험	보험				350,000		350,000
합계		220,000	240,000	270,000	883,000	1,535,000	3,148,000

2. 매일매일 가계부를 쓴다

이제 본격적으로 가계부를 써보자. 그런데 일주일 치 가계부를 주말에 몰아서 쓰려고 하니 현금으로 사용한 내역은 생각이 나지 않았다. 아무래도 애를 낳으며 탯줄과 함께 기억력도 끊어졌나 보다. 어제 일도 기억이 안 나는데 어찌 일주일 전 현금으로 결제한 내역을 기억할꼬. 카드로 사용한 내역도 상호만 봐서는 어디에 사용했는지 생각이 나지 않았다. 또 일주일 치 지출 내역을 한 꺼번에 작성하려니 일처럼 느껴져 스트레스를 받았다.

매일 가계부를 작성해야 할 필요성을 느꼈다. 그런데 지출할 때마다 가계부를 쓰는 건 너무 번거로웠다. 고민 끝에 하루 일과를 마치고 자기 전에 오늘 하루 지출 내역을 가계부에 기록하기로 했다. 놀라웠다. 채 3분도 걸리지 않았다. 이렇게 매일 가계부를 쓰다 보니 가계부 쓰는 것이 양치하듯 습관이 되었다.

3. 매주 결산하고 차주 예산을 재수립한다

매일 가계부를 쓰는 게 가끔 귀찮기도 했지만, 예산을 신경 쓰고 지출을 줄이려고 부단히 노력했다. 그러자 결실이 따라왔다. 일주일 지출을 결산해 보니 예산 내로 잘 사용했다. 성취감이 느껴졌다. 그렇게 한 달, 두 달 가계부를 지속해 썼더니 어느새 습관이 되어 가계부를 쓰는 게 어렵지 않았다.

여기서 기억해야 할 것이 있다. 가계부를 썼다고 가계부 쓰기가 끝나는 것은 아니다. 이번 주는 전체 예산 내로 잘 관리했지만, 예산을 초과한 항목이 있는지 꼼꼼히 점검해볼 필요가 있다. 만약 예산 대비 초과해 사용했다면 왜 초과했는지 살펴보고, 다음 주 예산을 점검한 뒤 필요하면 수정을 했다.

한 달 예산을 미리 수립했는데 또 예산을 수립해야 하나 의문이 들 수 있겠지만, 하루 동안에도 별의별 일이 발생하는데 한 달 전에 수립한 예산은 어떨까? 아이가 아파 갑자기 병원에 입원하게 될 수도 있고, 새언니가 임신해 축하하기 위해 저녁을 대접하거나 단단한 음식을 먹다가 이가 부러질 수도 있다. 이렇듯 살다 보면 좋은 일이든 좋지 않은 일이든 생각지도 않은 일들이 발생하곤 한다.

예상치 못한 일로 비용이 발생하면 남은 주의 예산에서 조금 끌어다 쓰고 남은 주의 예산 중에서 줄일 수 있는 항목이 있는지 점검했다. 그리고 최대한 허리띠를 졸라매 예산 내로 사용할 수 있도록 신경 쓰고 노력했다. 1~2만 원 정도는 더 써도 괜찮지 않느냐고 하겠지만, 그렇게 생각하다 보면 5만 원, 10만 원을 초과하는 일도 대수롭지 않게 느껴진다. 예산은 나와의 약속이다. 최대한 지키려고 노력하는 게 맞다. 한 달 전에 수립한 예산은 여러 변동 사항을 반영하지 못하므로 반드시 다음 주 예산을 재점검한다. 차주 예산 점검까지 마쳤다면 다시 일일 가계부를 쓴다.

4. 월말 결산을 하고 예산을 점검한다

매일 그리고 매주 가계부를 쓰다 보니 어느새 월말이 되었다. 월말에 해야 할 가장 중요한 일은 지금까지 사용한 변동 생활비뿐 아니라 고정비도 기록하며 월말 결산을 하는 것이다. 엑셀 가계부를 사용해 따로 계산기를 두드릴 필요는 없지만, 항목별로 예산 내로 잘 썼는지, 고정비까지 합해 월 생활비가 얼마나 되는지, 전월 대비 어떤 항목이 증가했는지 등등 점검해보는 시간을 가졌다.

이렇게 정리하고 하나하나 따져보는 것이 귀찮을 때도 있었지만, 월말 결산이 가계부 쓰기의 하이라이트 중의 하이라이트다. 월말 결산을 하며 많이 쓴 비용에 대해서는 철저히 반성하고 다음 달에는 줄여보겠다는 강력한 다짐을 했다. 그래야 지출이 줄어든다. 그리고 월말 결산을 했을 때 계속 예산이 초과되면 조금 늘려 운영하고, 예산이 몇 개월째 남는 항목이 있으면 예산을 타이트하게 수정했다.

남편과 내가 맞벌이를 할 때는 매월 평균 400~500만 원을 썼다. 집안 행사가 있거나 여행을 가는 달에는 600~800만 원을 쓰는 달도 있었다. 사치품을 사거나 외제차를 몰고 다닌 것도 아니고 필요한 데만 썼다고 생각했는데도 말이다. 아이가 있다면 양육비 비중이 꽤 크기 때문에 맞벌이 가정은 대부분 이 정도는 쓸 것이다. 아이가 크면 양육비가 교육비로 바뀔 테지만. 한 사람의 월급 그 이상이 한 달 지출이 되는 셈이다.

그러다 내가 갑자기 퇴사하게 되어 이제 저축 금액이 확 줄겠구나 하고 생각했다. 한 사람의 월급으로 우리 집 재정을 이끌어가야 하는 결정적인 순간, 나는 재정 관리를 시작했다. 절약 마인드를 장착하고 예산을 짰더니 오히려 저축 금액이 늘었다. 또한 가계부를 작성하면서 예산 내로 가정 살림을 운용할 수 있었다. 그렇게 1년 동안 재정 관리를 하자 절약 습관이 몸에 배었다. Part 3에서는 구체적으로 어떻게 생활비를 월 200~300만 원 줄일 수 있었는지 상세한 팁들을 설명하겠다.

가계부 여왕의 엑셀 가계부 양식

앞서 지출 분석하는 방법과 통장 쪼개는 법, 예산 수립하는 법까지 살펴봤다. 이제 실생활에 적용해볼 차례다. QR로 접속하면 지출 분석&가계부 엑셀 파일을 다운받을 수 있다. 더불어 엑셀을 어떻게 활용하면 될지 동영상 강의도 함께 볼 수 있다. 본 엑셀 파일을 통해 주 단위 예산 세우기, 가계부 작성을 해볼 수 있으니 더 이상 미루지 말고 당장 접속해 다운받고 셀프 자산 관리를 시작해보길 바란다.

가계부 쓰기 노하우

1. 월말 결산은 엑셀 가계부로 한다

가계부 전도사가 된 나는 입에 침이 마르도록 주변 사람들에게 가계부를 쓰라고 권한다. 그러면 어떤 가계부에 써야 하냐고 묻는 분들이 많다. 나는 엑셀로 작성하지만, 수기로 작성하는 걸 선호하는 분들도 있다. 사실 매일매일 지출한 내역을 손으로 쓰면 하루 동안 어디에 사용했는지 더 잘 인식할 수 있다. 그러나 결산할 때 일일이 계산기를 두드려야 해서 번거롭다. 그리고 월말 결산 시 전월이나 예산 대비 점검을 할 때도 일일이 계산해야 한다. 예산을 수립할 때도 계절성 비용 등은 전년도 가계부를 참고해야 하는데, 수기 가계부는 매번 찾아야 하는 어려움이 있다.

그래도 수기 가계부 작성을 선호한다면 월 중에는 수기로 작성하고, 월말 결산 시점에 수기 가계부에 작성한 내용을 엑셀 가계부로 옮겨 놓는 방법을 추천한다. 그래야 결산이 쉽고 정확하다. 월별 지출도 한눈에 파악이 되며, 상·하반기 및 연간 결산도 가능하다.

11년 동안 경영기획팀에서 근무하며 남는 건 엑셀 잘 다루는 능력뿐이었다. 환영받지 못하는 재능은 없다고, 그 재능을 살려 엑셀 가계부를 만들었다. 지금은 '가계부 여왕'으로 불릴 정도로 내 블로그에서 엑셀 가계부 양식은 인기가 많다. 일일 가계부만 작성하면 주간 결산, 월간 결산 등이 자동으로 산출될 수 있도록 만들었기 때문이다.

그런데 이런 질문을 많이 받는다. "엑셀 가계부는 컴퓨터에서만 작성해야 하는 거 아닌가요? 매번 컴퓨터를 켜는 게 번거로워서 엑셀 가계부에 작성하는 게 더 힘들 것 같아요!" 천만의 말씀. 요즘은 스마트폰으로도 엑셀을 사용할 수 있다. 엑셀 가계부는 언제 어디서나 작성할 수 있어 편리하다.

2. 함께 가계부 쓸 친구를 만든다

가계부를 한 달 써보니 쉽지 않았지만 그래도 보람이 있었다. 그런데 서너 달이 지나자 초심은 어디 가고 가계부 쓰는 게 슬슬 귀찮아졌다. 가계부 쓰기에 권태기가 온 것이다. 또 첫 달에 줄인 금액만큼 지출이 줄지 않아 흥미가 점점 떨어졌다. 가계부를 쓰는 것도 나태해졌다. 그리고 예전의 나의 소비 요정이 없어진 줄 알았는데, 단단히 붙들고 있던 절약 마인드가 점점 해제되며 예전에 잘(?) 쓰던 버릇이 슬슬 올라왔다.

그래서 가계부 쓰기를 어려워하는 분들을 도울 겸 내 가계부 쓰기 습관도 유지할 겸 겸사겸사 '에코마마 부자 가계부 1기'를 모집했다. 가계부를 함께 쓸 친구가 생기자 가계부 쓰는 게 즐거워졌다. 생각 없이 썼을 비용도 남을 의식해 줄일 수 있었고, 의무적으로 가계부도 쓰게 되었다. 나처럼 주변에 가계부 쓸 친구를 찾아보자. 요즘은 지역 카페나 재테크 카페 등을 통해서도 가계부를 함께 쓸 친구를 찾을 수 있다.

'빨리 가려면 혼자 가고 멀리 가려면 함께 가라'는 아프리카 속담이 있다. 재테크를 할 때도 혼자보다는 누군가와 함께하면 시너지 효과가 난다. 더 오래 꾸준히 할 수도 있다. 그 누군가가 남편이어도 좋고, 지인이어도 좋고, 인터넷 카페에서 만난 사람이어도 좋다. 어차피 재테크는 단기간이 아니라 평생 해야 하기 때문에 길게 하는 방법을 찾는 것이 현명하다.

가계부 쓰기는 사실 단순하다. 그런데 가계부 쓰기의 중요한 포인트를 알고 쓰느냐와 단순히 기록하는 건 천지차이다. 한 달 사용한 내역을 정산하며 예산 대비 초과해 쓴 항목은 반성하고 차월에는 초과하지 않도록 노력할 것을 다짐했다. 예산 내로 잘 집행한 주나 월에는 나 자신에게 쓰담쓰담 칭찬도 해주었다. 그렇게 하자 성취감이 생겨 예산 내로 지출하는 것이 스트레스가 아닌 즐거움으로 다가왔다. 이런 습관이 결국 절약을 만들고 절약한 돈으로 저축과 투자를 통해 푼돈이 목돈이 되었다.

part
3

부자로 가는
첫걸음,
새는 돈 막기

미래를 실현하기 위한 로드맵

돈을 더 오래, 잘 모으기 위해선 구체적인 목표와 꿈, 삶의 방향성이 필요하다. 처음 돈 관리를 시작한 6개월 동안은 매월 예산을 짜고 절약하는 데 집중했다. 돈을 관리하기 전과 후를 비교해보니 효과가 커서 동기부여가 팍팍 되었다. 그런데 권태기가 왔다. 남편과의 사이가 시들해졌냐고? 아니, 우리 부부 사이는 이상 무인데 돈 관리에 권태기가 와버렸다.

자산을 관리하는 것이 어느 정도 익숙해지자 모든 게 귀찮아지고 싫증나기 시작했다. 살림도 엉망이 되어갔다. 청소를 자주 해도 별로 티도 나지 않고, 아이가 있어서 그런지 항상 정돈이 안됐다. 분명 어제 장을 본 거 같은데 냉장고를 열면 오늘 저녁에 해

먹을 게 없었다. 무조건 아끼려고만 하니 집안일도 제대로 되지 않는 것 같았다. 절약하려는 마음을 확 내려놓고 막 쓰고 싶은 생각마저 들었다. 돈 관리를 1년도 제대로 하지 못하는 내 모습을 보니 부자가 되긴 글렀구나 싶었다.

구체적인 목표가 필요해

어느 날 '골프여제'라 불리는 박인비 선수가 TV 프로그램에 나왔다. 박인비는 여자 골프선수 중 메이저 최다 우승뿐 아니라 세계 랭킹 1위에 최장기간 머문 선수다. 2016년 리우올림픽에서 금메달을 목에 걸기도 했다. 그녀가 인터뷰에서 한 말이 마음에 박혔다.

"처음엔 목표 없이 시즌을 치르기도 했어요. 부상과 슬럼프 등을 겪으며 깨달았죠. 선수에게 중요한 건 뚜렷한 목표를 가져야 한다는 것이에요. 크든 작든 마음속에 엄청나게 원하는 목표가 있어야 경기력 향상에 도움이 되거든요."

또 목표는 많으면 많을수록 좋다고 강조했다. 그때 알았다. 돈 관리는 시작했는데 나에게 없던 것이 있었다. 바로 '목표'의 부재였다. 목표가 없어 돈 관리에도 권태기가 온 것이다. 지금까지 돈이 모이지 않았던 이유도 뚜렷한 재무 목표가 없었기 때문이다.

큰 깨달음을 얻고 나서 경제 책을 읽자 그동안은 보이지 않던 부자들의 '목표'가 눈에 들어왔다(그동안은 어떻게 부자가 됐는지만 보였다). 수천 명의 미국 부자들을 수십 년간 연구한《이웃집 백만장자》의 저자 토머스 J. 스탠리Thomas J. Stanley 박사는 백만장자들에게 이런 질문을 했다.

"당신은 일간, 주간, 월간, 연간 목표와 일생의 목표를 명확히 세워 두었는가?"

백만장자들의 대답은 한결같았다.

"나는 항상 목표 지향적이다. 명확하게 정의된 일간, 주간, 월간, 연간 목표와 일생의 목표를 가지고 있다. 심지어 화장실에 가는 목표도 있다. 나는 항상 우리 회사의 젊은 중역들에게 목표를 가져야 한다고 말한다."

부자들은 확고한 목표가 있을뿐 아니라 구체적이고 장기적인 목표를 가지고 있었다. 그때 단 한 번도 인생을 활짝 펼쳐놓고 생각해본 적 없이 오늘만 보고 달리는 나를 발견했다. 나는 제대로 된 목표도 없이 막연히 부자가 되고 싶었고, 남들보다 잘 살고 싶다는 생각만 했다. 이렇게 막연하게 생각만 하는 동안 친구는 이사를 몇 번 하더니 집값이 수억 원 올랐다고 했다. 남편 친구는 비트코인에 투자해 순식간에 몇 억을 벌었다고 했다. 그런 이야기들을 들으면 절약이 무슨 소용인지 다 포기하고 싶어졌고, 부자는 나와 너무 먼 이야기라고만 생각됐다. 돈 관리는 평생 해야 하는 건데 주변 이야기에 쉽게 흔들렸던 이유는 '목표'라는 방향성이 없었기 때문이었다. 그래서 구체적인 목표를 세우기 위해 우리 가족의 미래를 그려보기로 했다.

직장에서 돌아온 남편이 숨도 돌리기 전에 의자에 앉히고 물었다.

"당신은 어떤 삶을 살고 싶어?"

남편은 어리둥절한 표정을 지었다. 내가 왜 이런 질문을 했는지 잘 설명한 뒤 다시 물었다.

"우리 가족이 어떤 삶을 살았으면 좋겠어?"

남편은 말했다.

"우선 경제적 독립을 50대에 했으면 좋겠어. 그래야 가족과 함께 더 많은 시간을 보낼 수 있을 거 같아."

남편은 나에게 되물었다.

"그러는 자기는?"

"나는 부모님들이 노후 걱정하지 않고 편하게 살 수 있게 해드리고 싶어."

남편은 내가 기특했는지 엄지를 슬쩍 들어 올렸다. 나는 민망해 바로 다음 질문을 했다.

"그럼 우리 아들을 위해서는 뭘 하면 좋을까?"

남편이 바로 대답했다.

"시형이는 강아지를 키우고 싶어 하고 이층집을 좋아하니까 타운하우스에 사는 걸 목표로 하면 어떨까?"

"그래! 시형이가 참 좋아할 거 같아. 그리고 세상을 직접 경험하게 해주고 싶어. 매년 해외로 여행도 가자! 자기 회사에서 항공권도 나오니까."

남편과 나는 컴퓨터를 열어 엑셀 칸에 꿈꾸는 미래를 하나씩 적어 내려갔다. 미래를 상상하는 것만으로도 설레고 좋았다.

우리 가족의 목표

꿈 목록	기간	할 일
타운하우스 매매	2021년	1. 부동산 공부(책 읽기, 강의 듣기) 2. 2주에 1번 임장 다녀보기
남편 퇴직 전까지 경제적 독립하기	2040년	1. 부동산 공부 2. 투자 지속 3. 1인 브랜드 강화하기
후원하는 아이가 있는 아프리카 다녀오기	2026년	1. 아프리카 후원 지속하기 2. 아이에게 아프리카 다녀오는 비용 저축하게 하기
부모님께 효도		1. 용돈 꾸준히 드리기 2. 해외여행 보내드리기 3. 편안한 노후 만들어드리기
아이와 해외 경험하기	매년	1. 해외 숙박비 적금 들기 2. 중학교 2학년부터는 아이가 원하는 나라 가기

잘 만든 로드맵은
인생을 관통한다

우리 가족의 미래를 꿈꾸며 기뻐했지만, 실현은 굉장히 요원해 보였다. 기간별로 구체적인 목표가 없었기 때문이다. 돈을 좀 더 오래 그리고 잘 모으기 위해서는 구체적인 계획이 있어야 한다. 하지만 막상 구체적인 계획을 세우려고 하니 손에 잡히지 않았다.

3년 전 다이어트를 결심하고 성공했던 경험이 떠올랐다. 아이를 낳고 살이 점점 불더니 6kg이나 쪘다. 어느 날 몸이 버겁게 느껴졌다. 그래서 독하게 다이어트를 하기로 결심하고 6kg을 3개월 안에 빼야겠다고 다짐했다. 매월, 매주 감량 목표를 정하고, 사탕 한 알 먹지 않으며 독하게 체중 관리를 했다. 살이 4kg 정도 빠지자 더는 빠지지 않는 정체기가 왔다. 주 단위 감량 목표를 일 단위로 쪼개 하루 감량 목표를 어떻게 해서든 달성하려고 노력했다. 그 결과, 목표로 한 6kg이 아니라 9kg을 감량했고, 바지 사이즈는 3인치나 줄어들었다. 그렇다. 목표는 큰 단위에서 작은 단위로 잘게 조각내 설정해야 확실히 달성할 수 있다. 목표 달성의 최대의 적은 '막연함'이다. 곧바로 목표를 최대한 잘게 조각냈다.

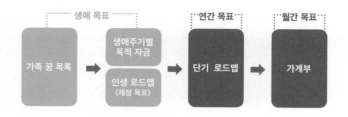

생애주기별 목적 자금

목적 자금을 파악하기 위해 우선 남편과 나 그리고 아이의 나이를 적고, 필요 자금은 크게 가족 행사와 아이 교육비로 나눴다. 가족 행사 비용에는 우리 부부의 기념일과 양가 부모님 관련 행사 비용을 포함했고, 비용은 최소한으로 잡았다. 기간은 남편의 퇴직 시점까지 작성했다. 만약 자녀의 예상 결혼 시점이 퇴직 이후라면 그 이후까지 작성한다. 가족 행사와 아이 교육비로 나눠 작성할 때 물가상승률은 반영하지 않았다. 매년 점검하고 업데이트 해야 하므로 현시점 기준으로 작성했다.

자기계발 비용은 옵션이지만 나에게는 꼭 필요한 항목이라 가족 행사 비용에 포함했다. 워런 버핏이 말한 것처럼 최고의 투자처는 자기 자신이라고 생각한다. 자기계발은 평생 해야 한다고 생각해, 매월 자기계발비로 급여의 5~10%를 책정해두고 나에게 투자하기로 결심했다. 나에게 투자할 때는 꼭 필요한지 여러 번

생애주기별 목적 자금(예시)

[단위: 원]

결혼 연차	8년 차	9년 차	10년 차	11년 차
연도	2020	2021	2022	2023
남편 나이	41	42	43	44
아내 나이	36	37	38	39
아이 나이	6	7	8	9
가족	친정 아빠 칠순 여행		남편 진급 예정 결혼 10주년 여행	친정 엄마 칠순 여행
비용	4,000,000		2,000,000	4,000,000
꿈 & 자기 투자	아내: 코칭 자격증	아내: 코칭 자격증		
비용	2,000,000	2,000,000		
아이 교육비			초등학교 1	초등학교 2
비용			6,000,000	6,000,000
총 필요 자금	6,000,000	2,000,000	8,000,000	10,000,000

생각하되, 투자를 결정했다면 반드시 결과를 내려고 노력했다. 자기계발비가 더 필요할 때는 다른 항목에서 절약해 자기계발비를 늘리기도 했다. 힘들게 절약하면서까지 나에게 투자한 이유는 나 자신에게도 저축해야 한다고 생각했기 때문이다. 그러면 언젠가는 이자가 붙어 나의 가치가 올라갈 것이라고 믿는다.

이렇게 생애주기별 목적 자금을 시뮬레이션해 보니, 지금부터 70세까지 필요한 목적 자금이 생각보다 많았다. 이 목적 자금에 매월 드는 생활비, 그리고 노후 자금까지 준비하려면 정신을 똑바로 차려야겠다는 생각이 들었다. 지금 아무렇지 않게 사 먹는 커피 한 잔과 케이크 값 1만 원이 나중에 꼭 필요한 돈이 될 수 있음을 깨달았다. 또 시기별로 필요한 목돈을 어떻게 확보해야 할지, 장기적으로 굴릴 자금은 시간의 레버리지를 어떻게 활용해야 할지 미리 고민해볼 수 있었다. 생각보다 많은 자금이 필요하다는 것을 수치로 확인하자 투자는 선택이 아니라 필수라는 사실도 느꼈다. 금융 투자든 부동산 투자든 더 열심히 공부하고 적극적으로 투자해야겠다는 결심을 하게 되었다.

인생 로드맵(재정 목표)

우선 평생 어느 정도의 자산을 모으고 싶은지 생각해봤다. 평생 자산 목표는 30억 원, 70세까지 자산을 불려 나갈 수 있다고 가정했다. 현재 나이가 40세라고 가정하면 30년 동안 자산을 불려야 한다(현재 자산은 없다고 가정한다). 그러면 매년 자산을 얼마나 모아야 할까? 30억 원÷30년(70세-40세)=1억 원/년, 매년 1억 원을 모아야 한다는 결론이 나온다. 막연하게 30억 원의 자산을 갖고 싶다가 아니라 이렇게 자세히 계획하면 목표 달성에 대한 마음가짐이 달라진다. 현재는 달성이 어려워 보이지만, 자산은 모이면

인생 로드맵(재정 목표)

[단위: 원]

결혼 연차	8년 차	9년 차	10년 차	11년 차
연도	2020	2021	2022	2023
남편 나이	41	42	43	44
아내 나이	36	37	38	39
아이 나이	6	7	8	9
수입(세후)	66,000,000	67,320,000	68,670,000	70,040,000
지출	48,000,000	44,000,000	44,000,000	46,000,000
저축액	18,000,000	23,320,000	24,670,000	24,040,000
저축율	27%	35%	36%	34%
투자액	15,000,000	18,000,000	18,000,000	18,000,000
목표 수익	1,500,000	1,800,000	1,800,000	1,800,000
당해 자산	19,500,000	25,120,000	26,470,000	25,840,000
누적 자산	369,500,000	394,620,000	421,090,000	446,930,000
투자 목표 수익(%)	10%	10%	10%	10%

모일수록 빠르게 증식하기 때문에 목표 달성이 가능하다고 믿는
다. 자산을 불리기 위한 투자 방법에 대해 관심을 갖고 실행하는
것도 잊지 말아야겠다.

　인생 로드맵을 작성하는 요령은 다음과 같다. 우선 남편, 아내,
아이의 나이를 적는다. 인생 로드맵은 언제까지 일할 것인지, 얼

마를 벌 것인지, 얼마나 지출할 것인지를 시뮬레이션해보는 것이 므로 앞서 계획했던 생애주기별 목적 자금에 더해 매월 드는 생활비 등 모든 비용을 고려해서 작성한다. 인생 로드맵이므로 현재 나이부터 90세 정도까지 시뮬레이션해본다. 퇴직 이후에도 20~30년을 더 운용해야 하기 때문에 노후 자금이 충분한지, 부족하다면 어떻게 미리 준비해야 할지 점검해본다. 투자 금액과 목표 수익률도 작성한다. 현재 투자를 하고 있지 않더라도 투자 계획을 세워두고 지속적으로 관심을 갖고 공부해야 실행이 가능하기 때문이다.

인생 로드맵에 작성한 지출 금액은 최소한의 비용만 반영했다. 살다 보면 예기치 않은 비용이 발생할 수 있는데, 이렇게 작성해놓으면 부족한 자금이 한눈에 보인다. 그래서 수입 다변화를 위해 어떻게 나의 가치를 높일 것인지, 어떤 투자 방법을 택해야 할지, 어떻게 하면 지출을 최소화할지 장기적인 관점에서 들여다볼 수 있다.

단기 로드맵

인생 로드맵이 장기적인 재정 목표라면 단기 로드맵은 현재 시점부터 향후 1~2년을 월별로 계획하는 것이다. 단기 로드맵 작성

단기 로드맵(예시)

[단위: 원]

결혼 연차	1월	2월	3월	4월
남편 나이	41	41	41	41
아내 나이	36	36	36	36
아이 나이	6	6	6	6
수입(세후)	5,500,000	5,500,000	5,500,000	5,500,000
지출	3,500,000	4,000,000	3,500,000	3,500,000
저축액	2,000,000	1,500,000	2,000,000	2,000,000
저축율	36%	27%	36%	36%
투자액	1,000,000	1,000,000	1,000,000	1,000,000
목표 수익	100,000	100,000	100,000	100,000
당월 자산	2,100,000	1,600,000	2,100,000	2,100,000
누적 자산	352,100,000	353,700,000	355,800,000	357,900,000
투자 목표 수익(%)	10%	10%	10%	10%

법은 인생 로드맵과 동일하다. 단, 단기로 예측하는 것이므로 수입, 지출, 투자액, 저축액 등을 보다 정교하게 짤 필요가 있다. 그래야 실현 가능한 목표가 된다.

단기 로드맵은 올해와 내년 정도로 세워놓고 월별 혹은 분기마다 계획과 실제 자산을 비교해본다. 재정 목표도 가계부와 마찬가지로 점검해보는 시간이 필요하다. 목표 따로, 실제 운영하는 자산 따로라면 목표를 세우는 의미가 없기 때문이다.

작년에 재정 목표를 세울 때 '과연 이 정도의 자산을 모을 수 있을까'라는 생각이 들 정도로 다소 높게 잡았다. 그런데 목표를 세워두니 어떻게 해서든 목표를 이루기 위해 ETF, 미국 주식 등에 투자도 하고, 1%라도 높은 적금을 찾으려고 애썼다. 또 매월 재정 목표를 달성하기 위해 돈이 나가는 것에 더욱 신경을 쓰게 되었다. 재정 목표를 달성하는 달에는 성취감이 따라와 다음 달에 더 열심히 해보고 싶은 동기부여도 됐다.

재정 목표만 세우고 덮어 버리면 그 종이는 그냥 이면지일 뿐이다. 재정 목표를 세웠다면 달성하기 위한 실행 계획을 세우고, 재정 목표와 실제 자산을 비교해보는 시간도 필요하다. 이렇게 월별 재정 목표를 세우고 매월 점검을 한 결과, 놀랍게도 다소 높게 잡았던 재정 목표 금액 이상으로 달성할 수 있었다.

인생 로드맵을 계획하는 것이 별거 아니라고 간과할 수 있다. 하지만 목표를 이루기 위해 구체적으로 계획하고 매일 실천하는 습관은 성공하기 위해 반드시 필요하다. 목표를 설정하는 것뿐만 아니라, 그것을 구체적으로 계획하고 실현시키는 것도 대단히 중요하다.

예전에는 수명이 짧아 죽는 게 두려웠던 시대라면, 요즘은 수명 연장이 가져다준 리스크인 유병장수, 무전장수로 오래 사는 것이 두려운 시대다. 이제 100세 아니 120세 시대라고 하는데,

아프거나 돈 없이 오래 산다면 사는 것 자체가 괴로울 것이다.

사슴과 사람이 장거리를 달리면 누가 이길까? 참고로 사슴은 80km의 속도로, 사람은 20~30km의 속도로 달린다고 한다. 이론적으로는 사슴이 이길 것이다. 그러나 사람은 근력과 근성이 있어 결국 사람이 이긴다고 한다. 로또와 같이 일확천금을 바라는 삶이 아니라 돈 관리를 평생 취미처럼 한다는 생각으로 근성을 갖고 차근차근 돈을 불려나가야 한다.

재정 목표를 세우고 꾸준히 실행하고자 노력했더니 그 과정에서 오는 즐거움이 미래에 대한 막연한 두려움보다 커졌다. 그리고 가족의 미래라는 장기적인 목표를 생각하니 주변 이야기나 솔깃한 정보가 들려도 흔들림 없이 곧게 나아갈 수 있었다. 그래서 가족의 미래를 먼저 계획해보는 것은 매우 유의미한 일이다.

나의 지름신에 브레이크를 걸다

돈을 어떻게 관리하고 유지하며 불려야 할지, 학교에서도 집에서도 배운 적이 없었다. 그래서 돈에 대해 깊이 생각해본 적이 없었다. 대기업에 다니니까 다른 사람보다는 많이 벌겠거니, 생각만 했다. 나에게만 국한된 이야기가 아니라 대부분의 사람이 이에 해당될 것이다. 지금은 스스로를 '럭셔리 짠순이'라 칭하며 짠내 풀풀 나게 생활하고 있지만, 예전엔 왜 그렇게 팍팍 지르고 다녔을까? 그간 허공에 날린 돈들을 생각하다가 나의 과거 소비 패턴을 되돌아보게 되었다. 이제 같은 실수를 하고 싶지 않았다.

우선 나의 소비가 합리적이었는지 나 자신에게 물어보았다. 나는 자신 있게 'Yes'라고 대답했다. 그랬겠지! 그러니 저렇게 지르고 다녔겠지? 그런데 '인간은 합리적이다'라고 주장하는 주류 경제학과 대조적으로 행동 경제학은 수많은 실험과 연구를 통해 인간의 비합리성을 증명했다. 인간은 합리적인 판단 대신 직관과 주먹구구식 판단에 의존한다는 것이다. 예를 들어 다이어트를 결심하고도 바로 눈앞에 치즈 케이크나 치킨이 보이면 '다이어트는 내일부터!'라며 미루기 일쑤다. 2만 원 아끼려고 인터넷 쇼핑몰을 뒤지다가 엉뚱하게 20만 원 더 비싼 제품을 지르기도 한다. 그럼 왜 나는 그렇게 비합리적인 소비를 하게 되었을까?

3가지 소비 패턴에 관하여

소비 패턴 1: 유행 소비

우리가 하는 소비 패턴은 3가지로 볼 수 있다. 그중 첫 번째 소비 패턴은 유행 소비다. 경제학에서 '편승 효과'라고도 부르는 '밴드 왜건 효과(Bandwagon Effect, 모방 효과)'란 다른 사람이 산 물건을 따라 사게 되면서 사회 전체의 유행이 되는 것을 말한다. 유명인이 든 가방이 금세 품절되고 인플루언서가 입고 나오면 너도 나도 따라 사는 심리다.

나 역시 유행에 심하게 편승하는 편이었다. 친구가 뭘 샀다고 하면 그게 꼭 필요한 물건처럼 생각됐다. 심지어 싱가포르에서 근무할 때는 누가 특정 브랜드의 신발을 사자 다른 동료 한 명도 그 신발을 샀고, 이어 전염병 번지듯 나머지 동료 4명 모두 그 신발을 샀다. 그럼 나는 어땠을까? 당연히 나도 그 신발을 샀다. 그 신발이 정말 필요하고 100% 마음에 들었다기보다는 동료들이 다 갖고 있는 걸 나만 안 살 수 없던 마음이 컸다. 변명하자면 외국인 동료들에게 소속되고 싶은 심리적 압박감이 있었다. 나도 모르게 소비의 희생양이 된 것이다.

미국의 심리학자 에이브러햄 매슬로Abraham Harold Maslow는 인간 행동의 동기를 5단계의 욕구 피라미드로 설명했다. 그중 3단계에 애정·소속의 욕구가 있다. 사람들은 사회집단에 소속되고 싶어 하는 욕구가 강하다. 그래서 유명인사나 사회적 영향력이 큰 사람 혹은 집단에서 잘나가는 친구가 구매한 상품을 갖고 싶어 한다. 그 집단의 정체성에 속하기 위해 따라 사는 것이다.

유행 소비의 심리적 속성을 이해하고 나니 인위적으로 유행을 따르려고 소비했던 나의 심리가 그래도 정상 범주에 속하는 것 같아 조금은 위안이 됐다. 다행이라면 이제 유행을 따를 나이는 지났다는 것이다. 일시적인 유행에는 마음이 흔들리지 않는다. 나에게 맞는 것과 맞지 않는 것을 경험상 구분할 수 있게 되었고, 사실 유행이 변하는 속도를 따르기도 벅차다.

소비 패턴 2: 충동구매

두 번째 소비 패턴은 '디드로 효과Diderot Effect'라고도 불리는 충동구매다. 충동구매는 사전계획 없이 순간적인 충동으로 구매를 결정하는 행위다. 우유 하나 사러 마트에 갔을 뿐인데 싸다고 묶음 두부를 사고, 갑자기 낡은 프라이팬을 바꾼다. 평소엔 100원, 200원 가격 비교를 하며 사는 것을 망설이다가도 불쑥 과거에 본 광고가 떠올라 고가의 의류를 바로 구매하기도 한다. 뿐만 아니라 구입할 품목이나 브랜드를 결정하지 않고 점포를 방문해 할인하는 상품이나 세트 상품을 구매하는 것도 충동구매다. 티셔츠 한 장 사려다가 세일하는 스커트까지 사거나, 스킨·로션만 떨어졌는데 수분 크림까지 세트로 사는 식이다. 사실상 필요 없는 것을 괜히 더 사는 것이다.

이러한 충동구매를 방지하기 위해서는 광고에 노출되는 기회와 신용카드를 사용할 기회를 최소화해야 한다. 도파민은 쾌락과 행복한 감정을 느끼게 해주는 신경전달 물질인데, 우리의 뇌는 할인 제품을 보는 것만으로도 도파민이 분비된다고 한다. 즉 할인 제품을 보기만 해도 행복감을 느끼게 된다는 것이다. 이러니 충동구매를 참는 게 얼마나 어려운 일인가? 이성적인 판단이 결코 쉽지 않다. 그래서 나는 인터넷 쇼핑 앱의 푸시 알림을 모두 끄고, 아무리 시간이 많아도 인터넷 쇼핑몰을 들여다보지 않는다.

백화점, 아웃렛, 할인 마트도 반드시 필요한 물건을 사러 가는 일 외에는 방문하지 않는다.

기분이 좋지 않을 때도 쇼핑을 하지 않는다. 런던의 심리학자 에이드리언 펀햄Adrian Furnham은 '불안할 때', '우울할 때', '화가 났을 때' 사람들이 쇼핑을 한다고 말했다. 불안할 때는 불안을 해소하기 위해, 우울하거나 화가 났을 때는 소비를 통해 자신의 존재를 인정받기 위해 소비한다는 것이다. 기분이 좋지 않을 때 기분 전환 삼아 쇼핑을 했는데 평소보다 더 많이 무언가를 산 경험이 누구에게나 있을 것이다. 따라서 재정 상태가 좋지 않아 지름신이 강림해선 안 되는 상황이라면 자신의 현재 감정 상황이 좋지 않더라도 쇼핑하는 행위는 삼가고, 다른 방법으로 스트레스를 해소하기 위해 노력해야 한다.

소비 패턴 3: 과시 소비

세 번째 소비 패턴은 미국의 사회경제학자 T. B. 베블런T. B. Veblen 이 처음으로 주장한 과시 소비다. 부를 과시할 목적으로 불필요한 것을 사는 행위를 말한다. 과시하기 위해 비싼 외제차, 고가의 그릇, 명품 가방 등을 사는 것이다. 이는 꼭 부자들 사이에서만 일어나는 소비가 아니다. 서민부터 부유층까지 과시 소비를 하는 사람들은 어디든 존재한다. 또한 경제 상황이 악화돼도 이런 과시 소비는 줄지 않는 경향이 있다. 지금도 명품관 앞에는 줄을 서고, 대기 번호를 뽑는다. 인기 있는 상품은 몇 개월을 기다려도 구입하기 어렵다. 심지어 원하는 물건을 사기 위해 판매원과 친분을 쌓으려고 실적을 올려주는 소비를 한다고도 한다.

나 또한 쇼핑의 상당 부분이 과시욕이었던 것 같다. 대기업을 다니니 명품 가방 하나는 들어야 한다고 생각했으니까. 하지만 이제 과시형 소비를 통해 무엇이 충족되는지 생각해볼 필요가 있다. 과시욕을 채우려고 물질적인 궁핍은 커지고, 그 물질적 궁핍을 채우기 위해 더 많은 노동을 해야 한다면 정서적인 궁핍으로 이어지지 않을까? 우리가 풍요로워질 때는 소비욕이 사라질 때가 아닐까? 즉 무얼 사고 싶다, 갖고 싶다는 생각이 들지 않을 때 도리어 몸과 마음이 풍요로워지는 것을 느낄 때가 있다. 내가 물질적인 것으로 채우지 않아도 '나'로서 바로 서 있을 수 있고, 있는 그대로 인정받을 수 있기 때문이다.

절약은 긍정적으로, 소비는 단호하게!

3가지 소비 패턴 중 나의 소비 패턴은 충동구매가 대부분이었다.

돈을 쓸 때 여러 번 고민한 기억이 별로 없다. 그리고 나는 겉으로 보이는 것이 중요하다고 생각했기에 옷, 신발, 피부 관리 등에 지출을 많이 했다. 또 스트레스를 받아 홧김에 무언가를 지르는 '홧김비용'도 많았다. 회사 일이 고되고 힘들어 스트레스를 많이 받았을 때마다 해소용으로 이것저것 질렀다. 딱히 필요하지 않은 물건도 소소하게 씀씀이를 늘려 낭비하면서 재미를 느끼는 '탕진잼'도 즐겼다. 내 사전에 절약이라는 단어는 없었다.

그런데 과연 홧김비용을 쓴다고 화가 풀릴까? 탕진잼을 즐긴다고 스트레스가 해소될까? 겉치장을 하기 위해 옷과 신발 등을 사면 행복해질까? 미국의 긍정심리학자 에밀리 에스파하니 스미스Emili Esfahani Smith는 2017년 4월, 〈삶에는 행복보다 더 중요한 것이 있다There's more to life than being happy〉라는 주제의 TED 강연에서 사람들이 절망에 빠지는 이유는 행복하지 않아서가 아니라 삶의 의미가 없기 때문이라고 지적했다. 사람들이 생각하는 행복의 조건을 모두 갖춰도 삶의 의미가 없으면 만족스럽지 않다는 것이다.

순간의 행복을 목적으로 소소하게 낭비한 돈을 합치면 생각보다 큰돈이 된다. 그런데 행복은 순간의 기분으로 쉽게 바뀌는 감정이다. 그 감정을 충족하려고 낭비한 돈 때문에 나의 재정 상태는 1년이 지나도, 2년이 지나도 그 자리 그대로였다. 소비 패턴과 소비 심리를 살펴보며 내가 걸어온 길을 한 걸음 한 걸음 뒤돌아보았다. 돈이 있는 곳에 마음이 있는 법인데, 나는 순간의 즐거움만 좇는 삶을 살았다. 힘들게 번 돈을 의미 있는 곳에 써본 적도, 내가 쓰는 돈의 의미를 생각해본 적도 없었다.

하지만 이젠 어떤 물건을 살 때 필요에 의해서인지 욕구인지 구분해본다. 욕구인데도 사고 싶은 물건이 있을 때는 이 돈을 내가 원하는 곳에 쓰지 않고, 더 가치 있는 일에 쓸 수는 없는지 다시 한 번 생각해본다. 예를 들어 집에서 커피를 내리기 귀찮아 매번 커피를 밖에서 사 먹는다면, 커피 1잔의 가격인 4,000원이라는 돈에 대해 생각해보는 식이다. 그 돈은 아프리카 아이들에게 몇 끼의 식량이 될 수 있는 돈이고, 장 볼 때 채소를 하나 더 살 수 있는 돈이다.

나는 소액의 돈도 함부로 쓰지 않고 의미를 부여하기 시작했다. 그렇게 몇 달이 지나자 돈을 쓸 때는 꼭 필요한지 몇 번이고 되뇌고 곱씹게 되었다. 이전에는 내 삶의 의미가 나만 생각했던 삶이었다면, 절약을 통해 어려운 사람을 돌아보는 계기도 되었다. '내가 하는 절약이 어려운 이웃에게 조금이나마 도움이 되고, 환경 개선에 동참할 수 있는 일이 된다면 이 사회가 '나'라는 작은 씨앗에서 출발해 큰 열매를 맺을 수 있지 않을까?'라고 생각하며 나만의 지출 통제 룰을 만들었다. 이처럼 각자의 기준으로 적은 돈에 의미를 부여하면 쉽게 쓰는 일이 줄어들 것이다.

예전에는 절약이라는 단어만 들어도 구두쇠 스크루지 영감이 떠올랐다. 왠지 절약하면 심보가 고약해질 거 같았다. 그런데 이제 돈을 쓸 때 의미를 부여하니 절약도 즐겁고 기쁜 일이 되었다. 어떤 일이든 즐겁게 해야 주체적으로 할 수 있고, 일회성이 아니라 지속적으로 유지할 수 있다. 절약해서 그 돈을 더 가치 있는 일과 미래를 위해 써야겠다고 마음을 먹자 사고 싶은 게 생겨도 어느새 그 마음이 쉬 가라앉았다.

반드시 돈이 많아야만 행복한 것은 아니다. 돈을 어떻게 쓰느냐가 더 큰 행복을 가져다준다. 무조건 줄이기로 마음먹는다고 절약을 할 수 있는 건 아니다. 그러다 스트레스를 받으면 역효과가 날 수 있다. 순간의 즐거움을 좇지 말고 의미를 부여해보자. 그 작은 의미들이 모여 내 인생에 더 큰 의미를 줄 수 있고, 그러다 보면 어느 순간 더 값진 인생으로 바뀌게 될 것이다.

돈 모으기의 작은 시작, '종잣돈'

나는 부서를 이동하기 위해 기다리고 기다렸다. 결국, 1년을 기다린 끝에 원하던 부서로 이동하게 되었다. 들뜬 마음으로 첫 출근하는 날, 한강의 차디찬 바람이 나를 맞이했다. 본사에서의 생활이 겨울바람처럼 매서울 거라는 예고였는지도 모른다. 원하던 부서에서 일하니 딱 3일은 좋았다. 그런데 일주일이 지나자 야근과 특근이 다시 일상이 되어 버렸다. 같은 팀의 동료는 의아하다는 듯이 나를 보며 "왜 하필 우리 팀으로 왔어요? 다들 피하는 부서인데……"라며 말끝을 흐렸다. 이럴 수가! 알고 보니 이 부서는 모두 기피할 정도로 업무 강도가 센 부서였다.

야근을 밥 먹듯 하다 보니 내가 아이를 키우는 건지 시어머니가 키우는 건지 분간이 안 됐다. 아이의 자는 모습만 보는 날이 점점 많아졌다. 명절도 예외는 아니었다. 놀러 가는 것도 아닌데 죄인처럼 시부모님과 남편에게 미안하다는 말만 남긴 채 구정과 추석 연휴를 반납하며 일했다. 업무의 강도가 세면 팀원끼리라도 마음이 맞아야 그나마 힘이 좀 날 텐데, 같은 팀의 과장은 늘 나에게 날을 세웠다. 일과 사람에 치여 스트레스가 말로 표현하지 못할 정도였다. 회사 바로 옆 아웃렛이 내 스트레스를 푸는 유일한 창구였다.

그렇게 지옥 같은 1년을 보내고, 연말정산을 하려고 카드값을 조회하다 입이 떡 벌어졌다. '카드값 = 내 연봉'이었다. 현금 지출까지 합치면 연봉 이상을 쓴 것이다. 갑자기 별의별 생각이 머릿속을 어지럽혔다.

'내 개인적인 시간을 포기하면서 일한 결과가 이건가?'

'갑자기 집 전세금을 올려달라고 하면 어쩌지?'

'곧 아이도 학교에 가야 할 텐데, 그 전에 내 집을 마련해야 하지 않을까?'

'아이 교육비는 감당할 수 있을까?'

순간 무책임한 엄마가 될까 봐 두려워졌다. 동시에 내 집 마련이 시급하다는 생각이 들었다. 바로 청약을 알아보니 계약금으로 분양가의 최소 10~20%가 필요했다. 당장 분양을 받으려면 몇천만 원에서 억 단위의 계약금을 내야 하는 것이다. 허탈함과 좌절감이 한꺼번에 밀려들었다. 돈을 버는 이유도 모르고 가족과 보냈어야 할 소중한 시간을 일터에 바치고서야 뒤늦게 냉정한 현실을 깨달았다.

부자들도
종잣돈 만들기부터

부자 엄마가 되기 위해 돈을 모으기로 결심하자 호기심이 발동했다. '복권 당첨이나 유산 상속으로 부자가 된 사람들 말고, 스스로 부를 일궈낸 사람들은 어떤 사람들일까? 그들은 어떤 것부터 시작했을까?'

복싱을 배우러 가면 며칠은 줄넘기만 시킨다. 또 유명 요리사에게 요리를 배우러 식당에 취업해도 처음에는 설거지부터 시킨다. 초보자들에게 줄넘기와 설거지를 시키는 이유는 단순하다. 바로 기본을 다지는 일이 무엇보다 중요하기 때문이다. 미국의 철학자 짐론Jim Rohn은 "성공은 기본기를 끊임없이 활용한 결과다"라고 말했다. 산 정상에 오르려면 산 입구부터 들어서야 하는 것은 당연한 이치다.

실제로 성공한 사람들의 책을 읽어보면 모두 테크닉보다 기본을 더 중시한다. 그럼 부자들이 기본으로 손꼽는 것은 무엇일까?

바로 우리가 잘 알고 있는 '종잣돈'을 만드는 일이다. 부동산에 투자하든 주식이나 금융상품에 투자하든 사업을 늘리든, 모든 것이 다 최초의 투자자금인 종잣돈에서 시작되기 때문이다.

그레이엄 스티븐Graham Stephan, 경제에 관심이 있는 사람이라면 한 번쯤 들어봤을 이름으로, 요즘 미국에서 가장 핫한 젊은 부자다. 그가 운영하는 경제 관련 유튜브 구독자는 200만 명이 넘는다. 그는 유튜브에서 자신의 자산을 밝힌 바 있는데 26살에 100만 달러를 넘겼고, 30살에는 650만 달러를 넘겼다고 한다. 그가 부자가 될 수 있었던 첫 번째 이유는 바로 절약이었다.

대학에 가지 못한 그는 부동산 중개사로 처음 일을 시작했다. 미국에서는 고등학교를 졸업하면 독립하는 것이 일반적인데, 수입이 일정치 않아 부모님 집에서 살며 돈을 모으기 시작했다. 1년 뒤에도 그는 대학 입학을 포기하고 부동산 중개사로 일을 하며 돈을 악착같이 모았다. 26살부터는 자신이 일한 경험을 유튜브에 올리기 시작했다. 처음 몇 개월은 소득이 전혀 없었지만, 매주 2개씩 동영상을 꾸준히 올리자 유튜브 하루 수입이 1,000원이 되었다. 그때부터 가속도가 붙더니 1년 만에 누적 소득은 3,100만 원이 되었다. 지금 그는 부동산 중개 수수료와 본인 소유 부동산에서 나오는 임대 소득, 유튜브에서 들어오는 광고 수입, 유튜브 영상과 관련된 강의로 받는 수업료까지, 다양한 돈의 파이프라인을 통해 돈을 벌어들이고 있다.

그런 그가 부자가 되는 가장 첫 번째로 꼽는 방법은 절약이다. 절약을 해서 종잣돈을 모으고, 자신이 가장 잘 아는 방식으로 투자하는 것이다. 부가 눈덩이처럼 불어나고 있는 지금도 그는 식료품을 구입할 때 가격을 비교해 가장 저렴한 것을 사고, 비싼 레스토랑에 잘 가지 않는다. 그리고 커피를 사서 마시지 않는다.

누구나 당장 월 소득 1억 원을 만들 수는 없다. 하지만 오늘 1만 원을 아낄 수는 있다. 1만 원을 아끼면 정말 부자가 될 수 있을까? 1만 원이란 돈을 허투루 쓰는 게 얼마나 쉬운지 나는 안다. 기분을 내려고 쉽게 쓴 1만 원은 금세 5만 원이 되고, 월 10만 원이 되기 쉽다. 커피를 한 달에 20잔만 사 마셔도 한 달이면 10만 원이다. 모임에서 호기롭게 한두 번 쏘면 10만 원 쓰는 것은 우습다. 그러나 만약 1억 원을 연 2.5% 이자로 대출한 뒤 원금 균등으로 상환한다면 연 이자가 135만 4,167원이다. 월로 나누면 11만 2,847원이다.

절제하지 않고 사용한 10만 원이라는 돈은 1억 원을 대출했을 때 한 달 이자에 가까운 돈이다. 1억 원을 투자하면 어떤 결과가 나올까? 나는 카드를 팍팍 긁고 싶을 때 이런 계산들을 떠올린다. 그러면 지출을 절제하기가 수월해진다. 부자가 되려면 반드시 종잣돈이 필요하고, 종잣돈을 만들려면 절약이 기본이라는 것을 잊어선 안 된다.

종잣돈은
부자로 가는 출발점

그렇다면 종잣돈은 얼마나 있어야 할까? KB금융지주 경영연구소가 발표한 '2019 한국 부자 보고서'에 따르면 부자들이 벌어들인 '소득'이 부의 원천이 됐다면, 부를 늘리는 동력이 된 것은 '저축 여력'이었다. 부자 가구의 연간 저축 여력은 평균 6,620만 원으로, 월 500만 원 이상의 저축할 수 있는 여유 자금이 있었다.

그리고 부를 늘리는 두 번째 동력은 바로 '종잣돈'이었다. '본격적인 투자를 위해 필요한 종잣돈 규모는 얼마 정도라고 생각하는가?'라는 설문에 한국 부자들은 평균 6억 7,000만 원이라고 응답했다. 하지만 이것은 부자들의 이야기다. 가정마다 수입도 경제 상황도 다른데 '부자들처럼 종잣돈 6억 원부터 모아라'라고 말한다면 다들 종잣돈을 모을 엄두도 내지 못할 것이다.

분명 종잣돈은 중요하다. 단, 종잣돈의 규모를 정하기 전에 이 종잣돈을 어디에 사용할지 먼저 고려해야 한다. 예를 들어 내 집 마련이나 결혼 자금, 금융 투자 등 목표를 먼저 정해야 종잣돈의 규모도 정할 수 있다. 내 집 마련이 목표라면 입지, 학군 등에 따라 다르겠지만 장기적인 플랜으로 종잣돈의 규모도 커질 것이다. 반면 금융 투자는 1,000만 원으로도 시작할 수 있으니 종잣돈의 규모가 상대적으로 작다. 이처럼 종잣돈의 사용처를 미리 정해두지 않으면 열심히 모은 돈은 이래저래 공중분해되기 쉽다. 그래서 나는 내 집 마련이라는 목표를 세워 종잣돈의 투자처를 분명히 해두었다.

종잣돈의 규모를 정했으니 이제 종잣돈 모을 방법을 찾아야 했다. 첫 번째는 수입을 늘리는 방법, 두 번째는 지출을 줄이는 방법이 있다. 종잣돈 모으기를 바로 당장 시작해야 하는데 수입을 늘리는 방법을 단기간에 찾는 건 쉽지 않았다. 그래서 우선 지출을 줄이는 방법을 선택하고 돈 관리를 시작했다.

종잣돈을 모으기 위해 재정 관리에 들어갔을 뿐 아니라 가까운 거리는 버스를 타는 대신 걸어 다니고, 헬스장 비용을 아끼기 위해 홈트레이닝을 하는 등 현명한 소비와 절약을 병행했다. 그렇게 첫 번째 종잣돈 1,000만 원을 모아 예금을 들었다. 뿌듯했다. 다시 종잣돈 모으기를 시작했다. 두 번째 종잣돈을 모을 때는 그동안의 노하우가 쌓여 처음보다 쉬웠다.

나는 종잣돈을 최대한 빨리 모으는 것이 부자로 가는 길에 속도를 내는 방법이라고 생각한다. 시간의 가치가 돈보다 중요하기 때문이다. 그렇다고 너무 속도를 끌어올리다가는 금세 포기할 수 있다. 속도보다 중요한 건 포기하지 않고 '끝까지' 모으는 습관을 들이는 것이다. 꾸준히 나의 소비를 돌아보며 종잣돈이라는 목표를 되새긴다면 분명 부자들의 습관이 나의 몸에도 스며들 것이다.

절약을
습관화하는 법

절약과 상극관계는 견물생심見物生心이다.《소비를 그만두다》의 저자 히라키와 가쓰미는 이렇게 말했다.

"사람은 무언가 물건을 보고 그것을 갖고 싶다는 생각이 들어야 소비를 하게 된다. 무슨 물건이 있는지조차 알지 못하면 사고 싶다는 생각도 들지 않는 법이다."

약속 시간보다 빨리 도착한 나, 시간도 남으니 윈도 쇼핑이라도 하자며 백화점 1층을 구경하기 시작했다. 채 5분도 안 되어 무척 마음에 드는 스카프를 발견했다. 게다가 30% 세일이라는 문구까지! '이 스카프는 꼭 사야 해, 안 사면 나만 손해야'라는 생각으로 카드를 꺼냈다. 백화점 구경할 시간에 책을 읽었다면 자기계발에 도움이라도 됐을 텐데, 딱히 필요하지 않은 물건이었지만 보고 나니 마음을 빼앗겨 갖고 싶은 욕심이 생긴 것이다. 역시 견물생심은 절약과 상극관계다. 애초에 보지 않았다면 갖고 싶다는 욕심도 생기지 않았을 테니 말이다.

핸드폰에 알림 메시지가 떴다. 쇼핑 앱에서 보내는 광고다. 심심하니까 구경이나 해봐야겠다는 심정으로 클릭. 그런데 가격이 엄청 저렴했다. 갑자기 꼭 필요한 이유가 생각났다. 방금 전까지는 필요한 물건이 아니었는데도 말이다. 혹시 몰라 다른 사이트의 가격도 비교해보며 '차라리 이걸 살까, 저걸 살까' 고민하다 보니 시간이 훌쩍 지나갔다. 내가 투자한 시간이 아까워서라도 꼭 하나를 사고 만다. 그 시간에 운동을 했으면 건강에 도움이라도 됐을 텐데 말이다.

절약, 우습게 보지 마라

회사 다닐 때 옆 팀의 김 과장은 항상 같은 스타일을 하고 다녔다. 짧은 단발머리에 늘 정장 바지와 블라우스 차림이었다. 그 과장에게 사치라는 단어는 어색하기만 했다. 그렇게 알뜰살뜰 모은 돈으로 아파트와 땅에 투자했다고 했다. 같은 팀의 이 대리는 회사 어린이집에 아이를 맡기며 육아비를 아꼈고, 커피도 회사에 비치된 것만 마시는 등 최대한 절제하며 돈을 모았다. 그렇게 모은 돈에 대출을 받아 잠실에 아파트를 샀다.

최근 통화해보니 그 아파트가 몇 년 새 수억 원이 올랐다고 했다. 이 대리와 통화를 끊고 눈물이 날 뻔했다. 부러워서 말이다. 갑자기 김 과장과 이 대리가 왜 이렇게 멀게만 느껴지지? 마치 1,000미터 오래달리기를 하는데 나는 이제 출발했고, 그들은 이미 500미터까지 달려가 간격이 너무 벌어진 거 같았다.

절약의 사전적인 의미는 '함부로 쓰지 않고 꼭 필요한 데만 써서 아끼는 것'이다. 김 과장과 이 대리와 달리 나는 솔직히 말해 돈을 함부로 썼다. 돈을 쓸 때 두 번 고민을 하지 않았다. 싸면 하나 살 거 두 개 사고, 마음에 드는 옷이 있으면 색깔별로 샀다. 또 윈도 쇼핑을 하며 꼭 필요한 물건이 아니더라도 갑자기 필요한 이유를 만들어내며 늘 양손 무겁게 쇼핑백을 들고 나왔다.

지금 생각해보면 가장 후회되는 쇼핑 아이템은 마음에 든다고 보자마자 구매했던 옷과 신발, 싸다고 쟁여두었던 화장품들이다. 결국 한 번도 안 입은 옷들이 넘쳐났고, 유통기한이 지난 화장품은 버리기 일쑤였다. 푼돈으로 구매한 물건들 때문에 돈이 모일 새가 없었다. 명품 시계라도 샀으면 중고로라도 팔 수 있었을 텐데.

이제는 예산을 세워 최대한 절제할 수 있는 시스템을 만들고, 무지출을 목표로 지출에 신경 쓰고 있다. 돈 관리를 하면서 절약도 시작하자 카드 결제 금액이 워킹맘 시절 150만 원에서 50만 원 이하로 줄었다. 약 100만 원 정도 줄인 셈이다. 100만 원이라는 금 액을 추가 수입으로 창출하려면 일하는 시간 외에 남는 시간을 모 조리 투입해야 한다. 시간을 투자한다고 해도 무엇을 얼마나 해 서 추가 수입을 벌 수 있을지도 사실 미지수다. 은행 이자라면 가 능할까? 그렇다면 은행에 얼마를 넣어야 100만 원의 이자를 받을 수 있을까? 3억 원에 5% 이자라고 가정하면 한 달 이자가 약 100 만 원가량 된다. 여윳돈 3억 원이 없는 나는 불가능하다. 5% 이자 주는 상품 찾기도 힘들다. 그러나 절약은 내 여유시간을 투입할 필요도 없고, 은행에 3억 원이라는 돈을 넣지 않아도 된다. 절약은 마음가짐만 달리하면 누구나 할 수 있다.

짠순이 마인드 장착은 필수

《이웃집 백만장자》라는 책에서 부는 수입과 반드시 일치하지 않 는다고 설명한다. 많은 수입을 벌어들여도 그것을 모두 다 써버 리면 '부유'한 것이 아니라 '부유층의 생활'을 누리고 있는 것뿐이 라고 저자는 말한다. 부는 축적해야 하는 것이지 소비하는 것이 아니기 때문이다.

37세의 중소기업 직장인이 2억 원을 모았다면 어떤 생각이 드는가? 바로 친한 동생 수현이의 이야기다. 아무리 친한 사이라도 돈 얘기는 민감한 부분이다. 그런데 최근 수현이가 결혼한다고 해 축하할 겸 만나 점심을 먹으며 나온 이야기다.

　"수현아, 결혼 축하해. 이제 좋을 일만 남았네?"

　그런데 나의 예상과 달리 수현이는 약간 시무룩한 얼굴이었다.

　"이제 결혼해야 하는데 요즘 뉴스 보면 서울 집값 평균이 8~9억 원이래. 내가 모은 돈으로 집을 살 수 있을지 모르겠어."

　나는 속으로 몇천만 원도 못 모았나 생각했다. 조심스레 다시 물었다.

　"대충 어느 정도 모았는데?"

　"장기로 묶여 있는 개인연금 포함해서 한 2억 정도 될 거야."

　"뭐 2억? 2,000만 원이 아니고?"

　식당이 떠나가도록 큰소리로 되물었다. 수현이는 평소 쇼핑할 때 백화점 브랜드보다 보세를 선호했고, 핸드폰과 보조 배터리 충전도 회사에서 할 정도로 짠순이었다. 아무리 그래도 그렇지, 어떻게 2억 원을 모았을까? 심지어 수현이의 사회 초년생 시절 첫 3년간 월급은 120만 원이었다고 한다. 10년 동안 2억 원을 모았다는 건 매년 2,000만 원을 모았다는 얘기다. 더 놀라운 건 수현이는 투자해서 돈을 불린 것이 아니었다. 직장까지 1시간 반이나 걸리지만 월세가 저렴한 원룸에 살았고, 점심은 도시락을 싸

가지고 다니며 절약과 저축으로 그 돈을 모았다고 했다.

수현이의 이야기를 듣고 보니 월 수입과 통장 잔고는 정비례하지 않는다는 것을 깨달았다. 내 월급이 수현이 월급보다 배는 많았지만, 그 당시 내 통장의 잔고는 수현이가 모은 돈에 훨씬 못 미쳤다. 수입이 많다고 더 많이 모으는 건 아니라는 이야기다. 수입이 늘면 지출이 정비례하는 사례도 많다. 내가 그랬던 것처럼 말이다.

수현이처럼 돈을 모으려면 현명한 소비와 자기 절제가 필요하다. 돈을 버는 규모는 개인마다 다르지만 모을 수 있는 방법은 동일하다. 돈 관리를 하며 깨달은 사실이다. 가계부를 쓰면서 자신의 지출이 얼마인지, 수입은 얼마인지 정확히 파악하고, 돈 모으기에 초집중하며, 안 쓰고 안 먹으며 절제해야 돈을 모을 수 있다. 목숨 걸고 돈을 모을 정도의 절박함이 필요하다.

절약은 다이어트와 비슷하다. 먹고 싶은 대로 다 먹으면서 살을 뺄 수 있다는 말은 거짓말이다. 그런 방법이 있다면 다이어트로 스트레스받는 사람은 하나도 없을 것이다. 돈도 마찬가지다. 쓰고 싶은 대로 다 쓰면서 부자가 되고 싶다는 건 억지다. 절약도 다이어트처럼 독하게 마음먹지 않으면 숱한 유혹에 금방 무너지기 쉽다. 몇몇 사람들은 절약해서는 부자가 될 수 없다며 그냥 쓰라고 말한다. 그런 사람들에게 현대그룹 고 정주영 회장은 이런 말을 남겼다.

"열심히 절약하고 모으면 큰 부자는 못돼도 작은 부자는 될 수 있다."

회사 생활을 하는 동안 지금처럼 럭셔리 짠순이 마인드로 절약해서 돈을 모았다면 서울에 소형아파트 한 채는 샀을지 모른다. 그 소형아파트의 집값이 올라 중형아파트로 자산이 불어났을지도 모른다. 그러나 지금 와서 땅치고 후회해봤자 무엇하랴. 부자들은 과거의 안 좋은 일은 금방 잊는다고 한다. 지나간 일들은 잊고 지금부터 잘 해내면 된다.

사지 않는 것만이
절약이 아니다

《이웃집 백만장자》 책에는 이런 내용이 나온다.

"신발을 꺾어 신지 마라. 낭비하지 않으면 부족하지도 않다. 즉, 물건을 함부로 사용하지 않아야 더 오래 쓸 수 있다."

내가 가지고 있는 소지품 중에 가장 비싼 품목은 핸드폰이다. 예전에는 핸드폰을 부주의하게 다뤄 핸드폰 액정을 깬 적이 많다. 심지어 구내식당에서 식사하다가 국에 빠트린 적도 있었다. 그런데 절약하기로 마음먹은 이후 핸드폰을 신경 써서 다루었더니 몇 년째 액정이 깨진 일이 없다. 한 번의 부주의로 수리비 몇십만 원이 나갈 수 있으니 의식적으로 소중히 다루게 된 것이다.

요즘 나는 아무리 싸다고 해도 당장 쓸 게 아니면 다량으로 구입하지 않는다. 즉 쟁여놓지 않는다. 싸다고 여러 개 사두면 많이 남아 있다는 생각으로 낭비하게 된다. 그래서 단품이 다량으로 사는 것보다 다소 비싸더라도 단품으로 구매하고 아껴 쓰려고 노력한다. 싸다고 다량 구매한 것과 약간 비싸더라도 단품으로 구매한 것을 비교해보니 단품으로 구매했을 때가 훨씬 절약되었다.

이제는 지출하지 않는 것보다 지출하는 것에 더 스트레스를 받는다. 카드 팍팍 쓰기 대회에 나가면 전국 1등 할 자신이 있던 나는 절약이 어려운 수학 문제를 푸는 것보다 힘들었다. 그래서 나의 소비 내역을 들춰보기도 싫었고 그럴 관심도 없었다. 그러다 부자의 좋은 습관을 따라 하기로 다짐하면서 부자 되기의 기본인 절약을 하기로 마음먹었다. 과연 소비 요정이었던 내가 절약을 통해 지출을 통제할 수 있을지 나 자신도 의심쩍었다.

그런데 매일 가계부를 쓰다 보니 지출이 줄어드는 게 보였다. 그리고 지출이 없는 날이 하루이틀 늘어갔다. 작년 7월은 지출을 하지 않은 날이 무려 16일이나 되었다. '무지출 데이'를 늘리려고 하루에 몰아서 왕창 쓴다면 애초에 목표했던 절약과는 거리가 멀어진다. 그럴 바에는 작게라도 매일 지출하는 게 낫다. 그러나 무지출의 기쁨을 알게 되고 지출을 하지 않으려 노력하니 어느새 절약이라는 습관이 몸에 배었다.

혹 절약하는 게 어렵다면 앱테크를 해보길 추천한다. 네이버

마이플레이스는 내가 구매한 제품이나 식당 등의 영수증을 인증하면 첫 방문 인증 시 50원을 네이버페이로 지급한다. 재방문일 경우 10원을 지급해준다. 이런 앱테크를 하면 부수입을 창출할 수도 있지만, 그보다는 절약 마인드를 세팅하는 데 큰 도움이 된다. 외식하고 5만 원짜리 영수증을 인증한 뒤 50원을 지급받으면 추가 수입을 늘리는 것이 쉽지 않다는 걸 새삼 느끼게 된다. 그래서 절약해야겠다는 마음을 다시금 다잡게 된다.

새는 돈 막는
6가지 습관

너무 사소한 것들이라 그냥 지나쳤는데 돈이 새고 있었다. 새는 돈을 그냥 둘 수 없어 매번 확인하는 습관을 들이자 꽤 많은 돈이 내 통장으로 돌아왔다. 그 습관들을 정리해봤다.

습관 1. 영수증은 꼭 받아서 확인한다

'영수증은 받으나 마나야. 계산하시는 분이 잘 알아서 처리하겠지, 뭐!'라고 생각했다. 그러다 우연히 영수증을 확인했는데 금액이 잘못된 걸 발견했다. 계산도 사람이 하는 일이라 실수가 발생한 것이다. 그런데 생각보다 잘못 계산되는 경우가 꽤 많았다. 최근 6개월 동안 3번이나 잘못된 영수증을 받았다.

지난 주말 약국에서 해열제를 사려고 가격을 물어보니 약사가 5,000원이라고 말했다. 그런데 카드 영수증에는 8,000원이 찍혀 있었다. 내가 가격을 잘못 들었나 싶어 다시 물어보니 해열제 가격은 5,000원이었다. 5와 8이 같은 열에 있어 잘못 누른 것이다. 내 돈 3,000원이 그냥 샐 뻔했다.

또 한번은 고등어를 사려고 마트에 갔다. 7,000원인데 5,000원에 할인 판매하고 있었다. 장바구니에 얼른 담았다. 계산대에서 장 본 품목을 하나씩 검토하는데 고등어가 할인되지 않은 가격으로 계산된 것을 발견했다. 할인 품목이라고 말을 하자 계산원이 가격을 수정했다. 내가 챙기지 않았다면 2,000원이 그냥 날아갈 뻔했다. 사실 매번 영수증을 챙기는 것이 좀 귀찮기는 하지만 새는 돈을 막기 위해 영수증을 꼬박꼬박 챙겨 확인하고 있다.

습관 2. 신용카드 내역을 매달 확인한다

신용카드 내역도 내가 결제한 대로 잘 빠져나가고 있을 거라 생각해 확인한 적이 없었다. 그러다 짠순이 모드로 변신하면서 카드 내역도 일일이 확인했다. 그런데 이게 웬일인가? 같은 날 같은 금액으로 연달아 2번이나 결제가 된 걸 찾아냈다. 뭔가 이상해서 고객센터에 전화해보니 결제 시스템 오류로 중복 결제가 되었다고 했다. 신용카드 내역을 살펴보지 않았다면 생돈이 나갈 뻔했다.

또 정보보호 서비스 이용 수수료로 2건이 매월 빠져나가고 있었다. 언제 가입했는지도 모르는 서비스를 중복으로 2개나 가입한 것이다. 딱히 필요한 서비스 같지 않았다. 월 4,000원, 연간 4만 8,000원이 지출되고 있었는데 나는 전혀 모르고 있었다. 그렇게 10년 넘게 돈이 새어나가고 있었다. 내 돈 48만 원이……. 이제는 매월 가계부를 정산할 때 내가 작성한 가계부와 신용카드 내역을 대조해가며 하나하나 확인하고 있다.

습관 3. 계좌이체 내역을 매달 확인한다

아직까지 중복 결제 건이나 잘못 결제한 사례는 발견하지 못했지만, 재테크 카페에는 종종 그런 사례를 겪었다는 글을 봤다. 그때부터 계좌이체한 내역도 매월 건별로 확인하고 있다. 계좌별로 자동이체 내역 확인 및 각종 할인 혜택을 받기 위해 자동이체를 변경해야 할 때는 금융결제원이 운영하는 계좌정보통합 서비스 (www.payinfo.or.kr)를 이용한다. 계좌정보통합 서비스에 들어가면 자동이체 정보뿐 아니라 내 계좌 통합 조회, 흩어져 있는 내 보험, 카드와 대출 내역까지 금융 정보를 통합으로 조회할 수 있다. 처음 돈 관리를 시작했을 때 자고 있던 65만 원을 찾았고, 내 강의 수강생은 54만 원을 찾았다.

습관 4. 상품권과 포인트를 정리해둔다

명절이나 생일 등 이벤트가 있을 때 받은 상품권은 잘 챙겨두지 않으면 집안 여기저기에 널려 있어 얼마나 있는지 파악이 되지 않는다. 특히 쇼핑몰 포인트와 앱 포인트도 신경 써서 챙기지 않으

상품권 & 마일리지 & 포인트 정리표(예시)

[단위: 원]

구분	항목	세부항목	금액	만료 시점
마일리지 & 포인트	대한항공	마일리지	27,630	
	아시아나	마일리지	34,354	
	아토뮤	포인트	42,980	
	유니프렌드	포인트	20,000	
	신세계	상품권	100,000	2022년
	롯데	상품권	70,000	2022년
	대한항공	상품권	20,000	
합계			314,964	

면 공중에서 사라지는 경우가 허다하다. 그래서 상품권과 포인트를 한눈에 볼 수 있도록 정리해 유효기간 내에 모두 소진했다.

유효기간 지난 상품권, 버리지 마세요!

호텔 레스토랑에서 식사를 하려고 10만 원짜리 상품권을 사둔 적이 있다. 그런데 어느 날 상품권을 보니 유효기간이 지나 있었다. 아쉽지만 유효기간이 지나면 못 쓰는 줄 알고 쓰레기통에 버렸다. 그런데 상품권은 발행된 날로부터 5년 안에 권면가액의 90%까지 현금으로 돌려받을 수 있다. 상품권도 상사채권으로, 권리를 잃게 되는 법적 소멸 시효가 '발행된 지 5년'인 것이다. 커피나 케이크 쿠폰 등도 마찬가지다. 모바일 상품권, 모바일 쿠폰도 모두 해당된다. 그런 줄도 모르고 모바일 쿠폰으로 선물을 받았다가 유효기간이 지나서 그냥 날린 쿠폰이 정말 많다. 이런 돈이 지금 300억 원 넘게 쌓여 있다고 한다. 유효기간이 지났어도 발행된 날로부터 5년 이내라면 잊지 말고 꼭 환급받자.

습관 5. 예·적금 만기가 끝나기 전에 갈아탈 곳을 미리 정한다

예·적금 만기가 되면 갑자기 여행이 떠나고 싶고, 가방과 옷을 사고 싶어 몸이 근질댔다. 그러다 보니 만기 된 자금을 허투루 소비하는 일이 생겼다. 이를 미연에 방지하기 위해 만기 된 돈을 찾으러 가는 날, 바로 갈아탈 상품을 찾아 가입했다. 또 예·적금 만기 일자를 정리해 만기가 다가올 때쯤 갈아탈 상품을 미리 조회해 준비해두었다.

만기가 다가오면 또 한 번의 유혹이 생긴다. '원금은 묶어두고, 이자만 써볼까?' 하는 유혹 말이다. 만기가 되어 원금과 이자를 받으면 이자가 공돈처럼 느껴졌다. 그래서 예·적금의 원금과 이자 모두 갈아탈 상품에 가입했다. 지출할 수 있는 구멍을 죄다 틀어막는 것이다. 요즘에는 저축보험이 아닌 이상 시중에 복리상품을 찾기 어렵기 때문에 원금과 이자를 모두 저축하는 복리 시스템을 자체적으로 만들었다. 예금이든 적금이든 만기가 끝나면 바로 예금으로 돌리는 것이다. 이렇게 복리로 만들어 굴리면 자산을 불리는 데 단리보다 훨씬 효과적이다.

습관 6. 예금, 적금, 투자상품에 각각 이름을 붙인다

예·적금과 투자상품의 목적은 돈을 모으고 불리는 것이다. 이를 분명히 하기 위해 계좌별로 이름을 붙였다. 예를 들면 예금은 치아 치료용, 미국 주식은 아이 교육 자금용 이런 식이다. 가입한 상품의 목적을 뚜렷이 해야 해지하지 않을 가능성이 높다. 그리고 만기가 되더라도 허투루 사용하지 않는다.

집밥이
재테크다

절약을 해야겠다는 굳은 결심을 했지만, 어떤 것부터 줄여야 할지 감이 오지 않았다. 기준이 없었기 때문이다. 그때 무언가 번뜩 뇌리를 스쳐 갔다. 절약도 줄이는 금액이 많을수록 성취감이 크고 오래 지속할 수 있지 않을까? 그래서 조금만 노력해도 눈에 띄게 줄일 수 있는 식비부터 줄이기로 했다.

워킹맘 시절에는 사실 집밥과는 거리가 먼 생활을 했다. 식재료를 사다 주말에만 몇 끼 만드는 정도였고, 주중에는 일하느라 바빠 거의 밥을 하지 못했다. 그러다 다시 주말에 냉장고 문을 열면 사뒀던 식재료들이 다 상해서 버리기 일쑤였다. 이런 상황이 자주 반복되다 보니 밥을 해 먹는 것보다 외식하는 비용이 더 저

럼할 것 같았다.

그러나 그런 생각은 나만의 착각이었다. 세 식구가 외식하면 한 끼에 기본 2만 원은 훌쩍 넘어가기 때문이다. 월말에 가계부를 정산해보니 식비가 100만 원 단위였다. 그리고 외식하면 엄마인 나는 편하지만 솔직히 음식점의 위생 상태와 식재료의 상태도 알 수 없다. 이런저런 이유로 신경 쓰이던 차에 절약도 하고 가족의 건강도 챙길 겸 집밥을 본격적으로 해보기로 했다.

식비가 줄어드는
집밥의 마력

요즘은 거의 매일 집밥을 한다. 초반에는 채소, 생선, 고기 등 여러 식재료와 다양한 소스들을 사다 보니 외식하는 것보다 집밥하는 게 돈이 더 드는 것처럼 느껴졌다. 그러나 시간이 지날수록 식비가 눈에 띄게 줄었다. 성장기 아이가 있어 식단에 신경 쓰는데도 말이다.

일주일에 1회는 고기가 포함된 식단을 준비하고, 고기가 없을 때는 두부나 우유로 단백질을 채우는 등 균형 잡힌 식단을 준비하려고 노력했다. 또 아이가 사달라고 하면 지갑을 열었던 달달한 간식은 되도록 줄이고, 대신 과일이나 요거트 등으로 대체했다. 이렇게 집밥을 열심히 만들었더니 외식할 때 100만 원이 훌쩍 넘던 식비가 30만 원으로 줄어들었다.

식비가 줄어든 데는 이유가 있다. 바로 장을 보는 노하우가 생겼기 때문이다. 장을 보러 갈 때도 무작정 마트에 가면 안 된다. 준비해야 할 사항들이 있다.

1. 일주일 예산을 들춰본다

무엇을 살지 결정하기 전에 우선 일주일치 예산을 들춰보고, 장을 볼 때 얼마를 사용할 수 있는지 파악한다.

2. 식재료 지도를 만들어둔다

식재료를 알뜰하게 사용하기 위해 식재료 지도를 만들어 냉장고 문에 붙여두었다. 외출하기 전에 식재료 지도를 핸드폰 카메라로 찍어두면 갑자기 장을 봐야 할 경우에도 핸드폰만 꺼내면 남은 식재료 파악이 가능하다. 그러면 식재료를 중복으로 사서 낭비하는 일이 생기지 않는다.

3. 메뉴를 미리 정하지 않는다

메뉴를 미리 짜놓기보다는 당일 아침이나 장 보러 가기 직전에 메뉴를 정한다. 어차피 먹고 싶은 건 매번 변하고, 냉장고 식재료의 상태도 내 생각과 달라지는 경우가 종종 있다. 냉장고에 있는

식재료 지도(예시)

냉장 보관 식재료					
냉장실			냉동실		
품목	구매 일자	유통기한	품목	구매 일자	유통기한
닭가슴살	7/18		만두		8/10
고등어			치킨 너겟		9/20
상추			돈까스		
당근			식빵		
달걀			핫도그		
오이			떡국떡		
우유			육수		

상온 보관 식재료					
상온 보관			상온 보관		
품목	구매 일자	유통기한	품목	구매 일자	유통기한
참치캔			감자		
라면			아보카도		
김			견과류		
스팸					
카레					
시리얼					

소스					
냉장고			상온 보관		
품목	구매 일자	유통기한	품목	구매 일자	유통기한
들기름			간장		
케첩			참기름		
마요네즈			액젓		
굴소스			맛술		
고추장			식용유		
된장					
매실액					

식재료를 먼저 파악하고, 일주일 예산 중 남은 금액을 고려해 그날그날 메뉴를 정한다.

4. 필요한 품목을 메모장에 적은 뒤 마트에 간다

마트는 구경하지 않고 리스트에 적힌 것만 구매한 뒤 바로 나온다. 앞서 절약은 견물생심과 상극이라고 했다. 마트를 구경하는 순간 불필요하게 지갑은 열린다. 그래서 나는 되도록 대형마트는 가지 않고 동네 마트나 재래시장을 이용한다.

5. 요리하고 남은 식재료들은 소분해둔다

재료를 손질하고 남은 것은 소분해 냉장고 혹은 냉동실에 보관한다. 이렇게 미리 소분해두면 다음에 요리할 때 시간이 절약되고 좀 더 편하게 요리할 수 있다.

냉장고 파먹기 노하우 9가지

코로나19로 인해 집밥을 해 먹는 가구가 늘면서 짠테크에 도전하는 이들이 많다. 특히 생활비를 최소화하는 짠테크의 일종으로, 냉장고에 있는 식재료를 다 먹을 때까지 장을 보지 않거나 장

보기를 최소화하는 '냉장고 파먹기'가 유행이다.

냉장고 파먹기를 해보니 장점이 많았다. 우선 자연스레 냉장고 정리로 이어져 식재료를 더 잘 관리하게 되었다. 또 식재료의 낭비를 막고 음식 쓰레기가 줄어 가계에 도움이 될뿐 아니라 환경오염도 막을 수 있다. 버리는 음식이 줄어드는 만큼 음식물 쓰레기 버리는 비용도 절약할 수 있다. 냉장고를 비우니 전기요금도 절약된다. 참고로 냉동고는 채워야 전기요금을 절약할 수 있다(그렇다고 냉동고를 식재료로 가득 채우지는 말자. 아이스팩이 생기면 버리지 말고 냉동고에 넣어두면 된다). 이처럼 냉장고만 컨트롤해도 식비가 확 줄어든다. 다음은 식비 절약을 위해 고군분투하는 이들을 위해 나만의 집밥 만들기와 냉장고 파먹기 노하우를 소개한다.

1. 장 보고 오자마자 식재료를 미리 소분한다

시금치, 고사리, 당근, 감자 등 채소를 한 끼 요리할 만큼씩 소분해둔다. 된장국용, 볶음밥용, 카레용 등으로 용도에 맞게 채소를 미리 다져서 소분해두고, 마늘은 갈아서 소분통에 쏙쏙 넣어둔다. 대파나 쪽파도 당장 사용할 분량만 냉장고에 넣어두고, 나머지는 썰어서 냉동고에 넣어 보관한다. 자주 먹는 고기 종류도 가격이 저렴할 때 미리 사놨다가 소분해둔다. 이렇게 소분해두면 다음에 요리할 때 수월할 뿐 아니라 비용도 절감할 수 있다.

2. 육수를 항상 준비한다

된장국을 끓이려고 하는데 채소 썰고, 육수 내다가 시간이 훌쩍 지나간 경험이 다 있을 것이다. 아직 요리가 손에 익지 않아 요리 자체도 어려운데 재료 준비하다가 지친 적이 한두 번이 아니다. 이런 경험이 자꾸 쌓이면 귀찮아서 사먹게 된다. 그래서 시간 있을 때 육수를 미리 내두고 다 사용하면 바로 또 육수를 만든다. 우리 집 냉장고에는 항상 육수가 비치되어 있다. 이젠 된장국은 된 장국용 채소 소분해 둔 것에 육수 붓고 된장 넣고 끓이면 돼서 딱 10분이면 완성된다.

3. 요리 앱에서 할 만한 요리를 찾아 내 카톡에 보낸다

매일 어떤 요리를 할까 고민하는 것도 일이다. 이때 요리 앱을 참고하면 도움이 된다(요리책은 주방인지라 책이 젖기도 하고 세워놓기도 힘들어 요리 앱을 자주 애용하는 편이다). 요리 앱에서 메뉴를 선정한 뒤 레시피를 모르는 요리는 미리 내 카톡으로 보내놓는다(카카오톡에 나에게 보내기 기능이 있다). 그러면 요리할 때 레시피를 바로 볼 수 있어 편하고, 메뉴 고민하는 시간과 레시피 찾는 시간을 절약할 수 있다.

4. 식재료 꼬리 물기로 식재료 낭비를 막는다

요리하고 남은 재료는 바로 사용해야 신선한 상태로 먹을 수 있고, 식재료를 버리는 일도 줄일 수 있다. 그래서 어제 요리하고 남은 재료를 이용해 다음 날 바로 요리한다. 대신 조리법을 달리 해 맛에 변화를 주는 편이다.

시금치나물 → 시금치 된장국 → 시금치 샐러드
어묵볶음 → 어묵국 → 뭇국 → 무나물
된장찌개 → 두부부침 → 두부조림 → 마파두부

혹은 '1가지 재료로 2가지 반찬'을 만들어 그날 해 먹고 식재료가 남지 않게 하는 것도 식비 낭비를 막는 방법이다.

5. 가족 건강을 위해 채소 요리를 자주 한다

농산물은 부가가치세 면세이므로 가격 면에서 가공식품보다 대체로 저렴하다. 그래서 가족 건강과 식비 절약을 위해 채소 요리를 자주 하는 편이다. 참고로 축산물과 수산물도 모두 부가가치세 면세다.

6. 생으로 먹거나 데쳐 먹을 수 있는 식재료를 활용한다

한식은 국과 반찬을 포함한 한 상 차림이라 한 끼 제대로 준비하려면 지치게 된다. 그래서 집밥을 포기하기 쉽다. 친정엄마가 요리를 잘하시는데 한 번 요리하시면 늘 한 상 가득이다. 도대체 어떤 요리를 하나 자세히 봤더니, 데쳐서 먹거나 간단히 소스에 찍어 먹는 재료를 상에 자주 올리셨다. 예를 들어 꼬막, 홍합, 오징어, 아삭이고추 등을 사서 데치거나 그냥 소스에 찍어 먹을 수 있도록 상에 올리는 식이다. 미역도 1,000원어치 사서 데친 후 초고추장에 찍어 먹으면 별미다. 요리 방법이 간단해 시간도 절약되고 비용도 저렴해 자주 활용하는 방법이다. 게다가 조리 방법이 간단하면 원 재료의 맛이 살아 있고, 양념이 잔뜩 묻은 음식보다 건강에도 좋다.

7. 인스턴트 식품은 약간 사둔다

컨디션이 좋지 않거나 요리가 너무 하기 싫은 날은 쉽게 외식을 하게 된다. 인스턴트 식품은 아이가 있어 되도록 먹지 않으려고 하지만, 그런 날을 대비해 만두, 돈까스, 떡갈비 종류를 몇 가지 사둔다. 매일 인스턴트 식품을 먹는 건 건강에 좋지 않지만, 가끔 먹는 건 괜찮다고 생각한다. 외식이 더 건강한 식단이란 보장도 없으니 말이다.

8. 밑반찬이 없는 날에는 한 그릇 요리를 한다

한식은 주부의 주름을 늘게 하는 식단이다. 메인 요리에 국에 밑반찬까지 있어야 하니 말이다. 살림 초보들은 요리 하나만 만들기도 벅찬데 국 끓이고, 반찬까지 준비하려면 시작하기도 전에

겁부터 난다. 그럴 땐 한 그릇 요리로 눈을 돌려보자. 김치볶음밥, 오징어덮밥, 가지나물밥, 짜장 볶음밥, 비빔국수 등 한 그릇 요리를 하면 시간도 식재료도 절약할 수 있다. 게다가 메뉴를 잘 선택하면 한 그릇 요리는 탄수화물, 지방, 단백질을 골고루 건강하게 섭취할 수 있다.

9. 마트 가는 것을 최대한 미루고 귀찮아한다

냉장고에는 생각보다 식재료가 많다. 심지어 마른 멸치, 마른 새우도 그냥 방치되어 있는 경우가 허다하다. 그 식재료들을 멸치볶음과 새우볶음으로 재탄생시켜보자. 냉장고에 김치가 있다면 볶음김치김밥, 김치볶음밥, 김치찌개 등 다양한 김치 요리를 할 수도 있다. 냉장고에 식재료가 없는 것 같다며 바로 마트로 가지 말고, 냉장고 속에 숨어 있는 재료를 먼저 사용하려고 노력해본다. 장을 보지 않아도 한 끼 준비가 가능하다.

부자 되는 똑똑한 습관, 미니멀 라이프

진정한 자유를 꿈꾸던 시인 헨리 데이비드 소로Henry David Thoreau 는 물질적인 부와 풍요에 대해 이렇게 말했다.

"우리가 얻을 수 있는 부유함은 우리가 기꺼이 내려놓을 수 있는 물건의 숫자에 비례한다. 물건을 집에 쟁이면 쟁일수록 부유함과 거리가 멀어진다."

돈을 모으기 위해서는 3가지를 정리해야 한다. 통장, 물건 그리고 인간관계다. 우선 통장은 통장 쪼개기로 정리를 했고, 이제 물건을 정리할 차례다. 집안의 물건만 잘 정리해도 돈을 허투루 소비하지 않게 된다.

요즘은 미니멀 라이프가 트렌드다. 재테크에 관심 있다면 미니멀 라이프가 반드시 수반되어야 한다. 내가 생각하는 미니멀 라이프란 절제를 통해 꼭 필요한 물건만으로 만족과 행복을 추구하는 삶이다. 즉 불필요한 것을 제하고 물건의 본질만 남겨 단순함을 추구하는 삶의 방식이다. 미니멀 라이프에는 물건은 물론 인간관계, 시간 등 무형의 것들도 포함된다. 그래서 미니멀 라이프를 추구하면 소비 습관이 차츰 개선되고, 절약이라는 보너스도 얻게 된다. 즉 미니멀 라이프는 절약과 떼려야 뗄 수 없는 관계다.

소크라테스는 "행복의 비결은 더 많은 것을 찾는 것이 아니라 더 적은 것으로 즐길 수 있는 능력을 키우는 데 있다"라고 말했다. 자기 본연의 모습을 찾아가며 행복을 찾는 미니멀 라이프의 근간을 소크라테스는 그 당시에 깨달았을지도 모르겠다. 미니멀 라이프의 시작인 정리와 비우는 과정을 나만의 규칙을 세워 실천해보는 건 어떨까?

1-1-1
정리법

지출 관리를 시작하며 미니멀 라이프에 부쩍 관심을 갖게 되었다. 그래서 불필요한 물건을 정리해보기로 했다. 먼저 베란다에 시선이 갔다. 왜 이리 물건이 많은지, 옷장은 더 말도 못 했다. 문을 열면 옷이 너무 빼곡하게 걸려 있어 더는 옷을 걸 공간도 없었다. 집안을 천천히 둘러보았다. 한숨부터 나왔다. 충동구매로 사서 차곡차곡 쟁여놓은 결과물이었다.

당장 집안을 전부 정리하고 싶었지만, 그랬다가는 며칠 않아 누울 거 같아 물건 정리하는 것을 깔끔하게 포기했다. 그런데 집에 쌓여 있는 물건들이 자꾸 눈에 밟혀 스트레스를 받았다. 그래서 집안을 나눠서 정리하기로 했다. 1년에 1번, 1주에 1번, 1개의 공간을 정리하는 식으로 말이다.

우선 안방, 침실, 아이 방, 거실, 베란다로 크게 공간을 나눴다. 1년에 1번, 이번 주는 부엌, 다음 주는 거실 이런 식으로 정리하기에 돌입했다. 매주 한 공간씩 정해서 정리하자 몸도 지치지 않고 차츰 깨끗해지는 모습이 눈에 보였다. 그렇게 집 곳곳에 박혀 있던 물건들을 하나하나 꺼내 정리했더니 버린 짐만 해도 한 트럭분이었다. 쓰레기봉투를 몇 개나 사다 날랐는지 모르겠다. 어느새 집이 깔끔해졌다. 집에 들어올 때마다 낯설 정도였다.

하지만 그렇게 깔끔한 집도 몇 달이 지나자 다시 원상 복귀되는 조짐이 보였다. 이번에는 공간을 더 작게 나눠 매주 토요일에 한 곳씩 정리하기로 했다. 예를 들면 비닐봉지 정리, 부엌 하부장 정리, 앞 베란다 정리, 욕실 수납장 정리 이렇게 말이다. 구역을 작게 나눠 정리하고 나니 1년 내내 깔끔한 집에서 살 수 있게 되었다. 청소할 때도 물건을 이리저리 옮길 필요 없이 빈 공간을 닦기만 하면 되서 청소 시간도 줄었다. 무엇보다 시각적으로나 위생적으로나 간결한 게 맘에 들었다. 삶이 조금은 단순해졌다. 게다가 좁은 공간을 넓게 쓸 수도 있다. 물건을 비우자 집이 더 넓어 보이는 효과까지 있으니 이것이야말로 1석 2조가 아닌가.

물건을 정리하자
추가 수입이 따라붙다

'나는 집의 공간을 얼마나 효율적으로 활용하고 있을까?'라는 의문이 갑자기 들었다. 2020년 7월 말 기준 부동산 114자료에 따르면, 서울 평균 집값이 10억을 넘었다. 한국감정원 자료에 따르면, 서울 아파트 전용 3.3㎡당 평균 시세는 2020년 7월 2,678만 원이다. 불필요한 짐들로 가득한 베란다는 제대로 활용을 못 하고 있으니 잡동사니들이 몇천만 원을 깔고 있는 셈이다. 이런 생각이 들자 불필요하고 안 쓰는 물건은 절대 사지 말아야겠다는 결심이 확고해졌다. 만약 사고 싶은 물건이 생기면 집에 있는 물건 2개를 버릴 생각으로 신중하게 구매했다.

미니멀 라이프를 시작하며 물건도 현명하게 정리할 수 있게 되었다. 우선 버릴 것, 지인에게 나눠줄 것, 중고로 판매할 것, 기부할 것으로 나눴다. 깨끗하게 본 책은 중고서점에 판매하고, 그외 물건은 당근마켓을 이용해 판매했다. 당근마켓은 별도로 포장하지 않고 집 근처에서 직거래할 수 있어 편리하다. 중고 판매를 통해 수입이 발생하면 그 돈으로 장을 보고 무지출 데이를 하루 더 늘렸다. 중고로 거래하기에는 애매하고 그렇다고 버리기엔 아까운 물건은 아름다운 가게 등의 기부 단체에 가져다주었다. 그리고 연말정산을 위해 기부금 영수증을 챙겨 세금 혜택을 받았다. 물건을 똑똑하게 정리하자 수입이 따라붙었다. 미니멀 라이프의 매력에 다시 한 번 빠져들게 되었다.

집안 물품 파쓰기로
있는 물건 비우기

집 정리를 하다 보니 같은 용도의 물건이 여러 개 있었다. 왜 이렇게 물건이 쌓였을까. 지난겨울, 화장품 가게를 지나는데 크리스마스 행사로 빅 세일을 하고 있었다. 50%나 세일을 하다니, 눈이 안 돌아갈 수 없었다. 싸게 판매할 때 구매해놓지 않으면 왠지 내가 손해 보는 거 같아 수분 크림을 1개도 아니고 3개나 샀다. 저렴할 때 미리 사두면 절약이 되는 기분이다. 만족스러운 발걸음으로 집에 돌아와 사온 화장품을 정리하려고 보니 전에 사둔 수분 크림이 2개나 더 있었다. 유통기한도 가까워져 오는데, 이 화장품들을 다 쓸 수 있을지 걱정이 됐다.

사실 늘 이런 식이었다. 집에 물건이 차곡차곡 쌓이는 만큼 유통기한이 지나 버리는 화장품도 많았다. 꼭 필요한 물건을 세일할 때 사는 건 현명한 소비지만, 묶음 상품을 사면 아껴 쓰기보다 여러 개 남아 있다는 생각에 헤프게 쓰게 된다. 그리고 유통기한이 가까워지면 주변 사람들에게 그냥 나눠주게 된다. 생활비를 아끼려고 묶음 상품을 샀는데 결과적으로는 더 낭비하는 꼴이다. 인터넷 쇼핑몰을 보다 보면 자주 쓰는 세제나 목욕용품을 2+1 행사로 할 때가 많아 미리 사두곤 했다. 제품이 와서 정리하려고 서랍을 열면 역시나 예전에 사둔 제품들이 가득했다.

그래서 이제는 '집안 물품 파쓰기'를 하고 있다. 집안 물품 파쓰기는 식비를 아낀다고 식재료를 구입하지 않고 냉장고 파먹기를 하듯이, 필요한 물품을 사기 전에 집에 있는지 한 번 살펴보고 미리 사둔 물품을 하나씩 꺼내 쓰는 것이다. 집안 물품 파쓰기를 습관화하면 생활비를 아끼면서 미니멀 라이프도 실천할 수 있다.

집안 물품 파쓰기를 하기 위해 욕실용품, 청소용품 등의 생활용품뿐만 아니라 건강식품까지 날 잡고 수량을 파악했다. 이때 유효기간이 지난 제품은 버리며 깔끔하게 정리도 했다. 집안 물품의 수량을 파악하다 깜짝 놀라기도 했다. 우리 집 구석구석에 숨겨져 있는 보물이 이렇게 많았나 싶어서다.

집안 물품 리스트

화장품

수분 크림	1	선크림	1	팩트 리필	1	세럼	1	화이트닝	1
마스크팩	15	필링 젤	1	립스틱	2	립글로스	1	립케어	1
앰플	1	링클프리 앰플	2						

욕실용품

어른 칫솔	10	치약	12	샴푸	3	린스	3	트리트먼트	2
비누	5	헤어 스프레이	2	보디젤	4	보디로션	2	보디크림(썬)	1
곰팡이 제거제	1	휴지	10	치실	2				
아이 칫솔	2	아이 치약	2	아이보디젤	2	아이보디크림	1		

건강식품

단백질 파우더	1	오메가 3	2	밀크씨슬	1	아이 유산균	1	유산균	1
다이어트 알약	1	셰이크	15						

청소용품

물티슈 (거실 식탁)	7	청소용 물티슈	3	청소용 건티슈	3	세탁조 청소 세제	5	유리 청소액	1
변기 세정제	3	다목적 청소 세제	2	바닥 청소용	1				

세탁용 세제

고급의류세제	1	세탁세제	2	섬유유연제	2
아이세탁세제	1	아이 유연제	2			

기타

갑티슈	5	키친타올	3

집안 물품 리스트를 한눈에 보기 좋게 정리한 뒤 핸드폰으로 사진을 찍어두면 오늘만 파격 세일의 강력한 유혹에도 넘어가지 않는다. 그리고 화장품, 건강식품같이 유효기간이 있는 제품

은 별도 표시를 해두면 유통기한이 지나 버리는 일을 방지할 수 있다.

물건이 풍족하다고 풍요로운 삶을 사는 것은 아니다. 밤에 구입하면 새벽에 배송되는 요즘 같은 시대에 물건을 많이 소유하는 것은 짐을 끌어안고 사는 거나 마찬가지다. 쇼핑할 때 너무 많은 상품을 보면 스트레스를 받듯이 집에도 많은 물건이 있으면 보는 것만으로도 마음의 짐이 된다. 눈앞에 많은 것들이 놓여 있는 그 자체가 스트레스 요인이 되는 것이다. 집안의 물건을 정리하는 것은 마음을 정리하는 것과 같다. 정리된 마음에 나를 되돌아보고 채우는 삶을 살아야 풍요로운 삶이 될 수 있다. 충동구매로 질렀던 예쁜 쓰레기들이 내 마음을 채울 수 없음을 다시 한 번 느꼈다.

part

4

경제적 자유의 첫걸음, 내 가치 끌어올려 추가 수입 만들기

퇴사 후 다시
나를 발견하다

대학을 졸업한 뒤부터 퇴사할 때까지 앞만 보고 달렸다. 전속력으로 달리던 말이 산 비탈길에서 갑자기 멈추려고 하면 바로 멈추지 못하고 미끄러지듯 나도 그랬다. 전속력으로 쉬지 않고 일하다 갑자기 일을 그만두게 되자 제대로 멈추지 못하고 내 마음은 여전히 회사 안에 머물러 있었다.

일을 그만두면 엄마로서의 삶은 있겠지만, 나 자신은 사라지지 않을까 두려웠다. 그럼에도 어쩔 수 없이 진행된 퇴사 결정. 그렇게 회사에 미련을 못 버리고 등 떠밀리 듯 나왔다. 퇴사하고 집으로 돌아온 날 저녁, 남편은 "그동안 시형이 보랴 일하랴 고생했어. 갑자기 일 그만두게 해서 미안해"라며 나를 위로하고 다독였다.

자존감 도둑
떠나보내기

워킹맘에서 전업맘이라는 새로운 타이틀을 갖게 되었다. 이제 분주하게 출근 준비를 하지 않아도 되는데 몸이 기억하나 보다. 새벽 일찍 눈이 떠졌다. 친정엄마 손에 맡겼던 아이를 내 손으로 챙겨 어린이집에 보내고, 커피 한 잔 내려 마시며 여유로운 아침을 보냈다. 이렇게 하루이틀 지내다 보니 어느새 전업맘의 삶에 적응이 되어갔다.

그런데 한두 달 지나자 나를 따뜻하게 위로해주는 남편 앞에서 점점 작아지는 내 모습을 발견했다. 앞으로는 남편의 내조와 아이 양육을 인생의 목표로 살아가야 하는 걸까? 내 자존감이 점점 무너져 내리고 있었다. 맞벌이를 하다가 남편 월급에만 의지해야 한다고 생각하니 경제적으로도 불안해졌다. 맞벌이할 때도 제대로 모으지 못했는데 외벌이로 가정 경제를 잘 꾸려나갈 수 있을지 의문이 들었다. 자신감이 바닥을 쳤다. 나는 10대의 질풍노도 시기인 '사춘기思春期'가 아닌 마흔이 되어 경제적 독립을 꿈꾸지만 불안함을 안고 있는 넉 사의 '사춘기四春期'를 맞이한 것이다.

회사에 다닐 때는 내가 다니는 회사가 최고라는 자부심이 대단했다. 그리고 회사 내에서의 삶이 내 전부라고 생각했다. 솔직히 그거 말곤 다른 생각을 할 겨를이 없었다. 회사 생활 자체만으로도 벅찼기 때문이다. 연초 조직이 바뀌면 새로운 업무에 적응하느라 바빴고, 추석쯤 되면 차년 사업 계획을 짜느라 정신이 없었다. 그렇게 11년이라는 시간이 훌쩍 지나갔다.

우물 안 개구리가 하늘을 올려다보면 우물의 크기만큼만 하늘이 보이듯, 정신없이 회사 생활하면서 세상을 볼 땐 좁은 시야로만 세상이 보였다. 회사를 박차고 나가 사업이나 프리랜서 활동을 하는 사람을 보면 나와는 거리가 먼 사람들이라고 생각했다.

퇴사한 후 조금씩 우물 밖으로 나오려 한 걸음을 뗐다. 일을 그만두니 시간적으로나 심적으로나 여유가 생겨 이런저런 통로를 통해 세상의 다양한 이야기를 접하게 되었다. 회사에 다니면서 쇼핑몰 플랫폼을 운영해 월 1,000만 원 이상의 수익을 올린 사례, 40대에 은퇴하기 위해 다양한 수입원을 만들어가는 사례, 경매를 통해 수십 채의 집을 사고 어느 정도 경제적 자유를 이룬 사례 등. 수입원은 오로지 월급뿐이라고 생각했던 나의 의식이 점점 확장되었다.

경력 다음 단계로 가는 중입니다

그럼 본격적으로 엄마로서 나 자신뿐 아니라 가족의 미래를 준비하려면 무엇을 어떻게 시작해야 할까? 대학생들은 취업난 때문에 석사나 박사를 한다던데, 나도 석박사를 해야 하나 잠시 고민했다. 그런데 목적 없이 공부하는 것은 시간과 돈만 낭비할 뿐 미래를 준비하는 것과는 별개의 문제가 될 수 있다. 그리고 나는 나이도 많았다. 그래서 우선 과거의 나를 돌아보며 성찰해보기로 했다. 그러기 위해서는 도구가 필요했다. 나에게 그 도구는 바로 책이었다. 나는 손에 잡히는 대로 책을 읽으며 내 안에 어떤 보물이 있는지 찾아보기로 했다. 책에서 이런 명언을 만났다.

'진정한 성공은 자신이 좋아하는 일에서 찾는 것이다.'

시나리오 작가이자 소설가인 데이비드 맥컬로프David McCullough의 말이었다. 이 한 문장의 명언이 나의 꿈을 찾아가는 이정표가 되었다. 내가 좋아하는 일은 어떤 걸까? 지금까지 내가 해왔던 일 중에 있을까? 그렇게 꼬리에 꼬리를 물며 나 자신에게 질문을 했고, 내가 좋아하는 것을 찾아가는 길이 점점 하나로 좁혀졌다.

어느 날 친정에 갔다가 책상 밑에 있던 사진첩과 함께 보관되어 있는 상자를 발견했다. 상자를 열어보니 학창시절 성적표와 상장이 들어 있었다. 성적표를 보니 수학을 꽤 잘했다. 받은 상장 대부분도 산수나 수학과 관련된 상장이었다. '아! 경영기획팀에서 11년 근무하며 숫자와 친해졌다고 생각했는데, 원래부터 난 숫자를 좋아했구나'를 깨닫게 되었다. 모든 정답은 내 안에 있었다. 내가 좋아하고 잘하는 것, 모두 내 안에 숨겨져 있었다. 회사에 다닐 때도 좋아하는 일이었기 때문에 누가 시키지 않아도 자발적이고 열정적으로 했던 것이고, 결과적으로도 잘 해낼 수 있었던 것이다.

내가 좋아하는 것이 '수'라는 것을 재발견하고도 처음에는 닥치는 대로 책을 읽었다. 그러다 관심사가 생기면서 경제 분야의 책을 읽게 되었다. 이제는 경제 분야뿐 아니라 부의 파이프라인을 만들 수 있는 퍼스널 브랜딩, 부동산, 지적재산권 등으로 관심 분야가 넓어졌다. 수많은 책을 읽다 보니 퇴사 후에도 내가 할 수 있는 일이 아주 많다는 사실을 깨달았다. 할 수 있는 일에 대해 공부할 시간이 부족할 정도로 말이다. 회사에 다니며 돈을 벌 때의 내 모습도 좋았지만, 쓸 돈은 쓰고 새는 돈을 철저히 관리하며 투자 공부에 열심인 지금의 내 모습도 참 좋다. 나는 지금도 돈 공부에 매진하며 '엄마 재테커'라는 새로운 꿈을 향해 한 걸음씩 내디디고 있다.

전업맘이 되면서 경력 단절이 되었다고 좌절했었다. 잘못 생각하고 있었다. 나는 경력 단절이 아니라 엄마로서 경험을 더해 '경력 다음 단계'로 가는 중이었다. 예전에는 다니던 직장을 그만두면 내 커리어의 문이 닫히는 줄 알았다. 그러나 엄마로 사는 삶이 열리고 새로운 꿈을 꾸면서 다른 문이 열린다는 것을 알게 되었다.

또 워킹맘들을 보면 일을 그만둔 내 모습이 실패한 인생 같았다. 그러나 인생에 실패란 없다. 각자 다른 인생을 사는 것뿐 좋은 경험이든 나쁜 경험이든 모든 경험은 삶의 한 부분에 꼭 필요한 자양분이 된다고 믿는다. 그래서 엄마로서 겪는 하루하루의 경험이 사소한 것 같지만, 누군가는 그렇게 원하고 소망하는 경험일 수 있다. 그리고 분명 앞으로의 미래를 준비하는 데 밑거름이 될 거라고 확신한다.

나에게는
시간이라는 자산이 있다

워킹맘일 때 없어서 가장 아쉬웠던 것은 바로 '시간'이었다. 그런데 전업맘이 되어서도 '바쁘다, 시간이 없다'는 말을 입에 달고 산다. 일하지 않는다고 해서 시간적 여유가 있는 건 아니다. 일할 때는 남편이 빨래, 청소 등 집안일을 거의 했는데 내가 퇴사하던 시기에 남편의 일이 더 바빠지면서 집안일은 자연스레 내 몫이 되었다.

집안일을 직접 해보니 잔손이 많이 갔다. 청소기를 돌린 후엔 물걸레질을 해야 하고, 세탁기에 빨래 돌리고 나면 널고, 개고, 갠 옷들은 옷장에 넣어야 했다. 잔손이 많이 가긴 요리도 마찬가지였다. 요리하기 전에 재료를 사 와 씻고 다듬고 소분해야 했다. 정기적으로 냉장고 청소도 하고 집안 정리도 하다 보면 온종일 집 안일만 하는 꼴이었다.

전업맘이 된 나의 하루는 이랬다. 아침 일찍 일어나 아침밥을 차린다. 아이를 깨워 씻긴 후 아침을 먹이고 어린이집에 등원시 킨다. 집 정리를 한바탕하고 아침 겸 점심으로 끼니를 대충 때운 다. 커피를 한 잔 마시고 잠시 쉬다가 장을 보고 돌아와 책장을 넘 기다 보면 어느새 4시다. 5시에 아이가 오면 저녁을 준비하기 시 작한다. 아이를 씻기고 저녁을 먹인 뒤 책을 조금 읽어주다 보면 이제 잘 시간이다. 아이를 재우고 나면 10시가 된다. 어린이집 준 비물과 아이 용품을 챙기고, 남편 와이셔츠를 손세탁해서 다림질 까지 하면 11시. 이렇게 하루가 다 간다.

온종일 바빴는데, 제대로 한 일은 없는 것 같았다. 그나마 아이 가 어린이집에 가 있을 때는 책도 읽고 조금 쉴 시간이라도 있지 만, 방학이 시작되면 세 끼 식사와 간식을 챙겨야 하고 놀아줘야 해서 순식간에 하루가 지나갔다. 또 시댁과 친정이 가까워 양가 의 대소사는 물론 소소한 일도 내가 챙겨야 했다. 양가 부모님이 병원에 갈 일이 생기면 모시고 가거나, 인터넷 주문이 필요할 때 등 사소한 것들도 내 손을 거쳐야 할 일이 많아 정작 내 시간은 전혀 없었다.

시간을
통제하자

왜 나는 전업맘이 되어서도 시간이 없는 걸까? 시간을 비효율적으로 사용하는 걸까? 스스로 시간을 지배할 수 있는 방법은 없을까? 책에서 만난 성공한 사람들의 특징은 시간을 낭비하지 않고 최대한 효율적으로 사용했다. 현재의 모습이 미래를 결정하는 게아니라 오늘 하루를 어떻게 보내느냐가 미래를 결정하기 때문이다. 시간이 자산임을 알게 되자 버려지는 시간이 아까워졌다.

매일 4시간을 잘 활용하면 0.1%의 투자 수익이 난다고 가정해보자. 주말과 휴일은 제외하고 평일만 계산하면 대략 250일이된다. 그러면 연간 수익률이 25%인 셈이다. 이런 고수익 상품이있다면 당장 투자하지 않을까? 시간은 모두에게 똑같이 '24시간'이 주어지지만, 어떻게 활용하느냐에 따라 자원으로써의 시간은모두 같지 않다.

일을 그만두고도 육아와 집안일로 온종일 바빴다. 시간을 제대로 활용하지 못해 낭비하는 것 같았다. 이렇게 매일 쫓기는 하루를 산다는 건 시간 관리가 필요하다는 의미다. 그래서 가계부를 쓰기 전에 지출을 먼저 분석해 재정 상태를 파악하듯, 나의 생활 하나하나를 기록했다. 그렇게 기록해보니 확보할 수 있는 시간과 낭비하고 있는 시간이 한눈에 보였다.

집안일에 규칙을 정했다. 빨래가 눈에 거슬려도 이틀에 한 번만 하기로 했다. 수시로 하던 화장실 청소도 일주일에 한 번만 하기로 하고, 대신 샤워할 때마다 물을 뿌려 먼지가 쌓이는 걸 막았다. 설거지도 세 식구라 쌓여봤자 얼마 안 돼 저녁에 몰아서 하기로 했다. 이런 식으로 루틴을 정하자 에너지가 불필요하게 소모되지 않았고, 밀린 집안일로 스트레스받는 일도 사라졌다. 일의 우선순위를 정하는 것이 중요하다는 걸 깨달았다. 또 엄마로서의 하루에 쉼표를 찍는 시간, 즉 나만의 시간이 필요하다는 생각이 들었다. 그리고 자기계발을 통해 새로운 경력을 쌓는 시간도 필요했다.

미국의 미래학자 제임스 보트킨James Botkin은 성공한 사람들의 시간 패턴을 분석하는 과정에서 '15:4의 법칙'을 발견했다. 어떤 일을 시작하기 전에 할 일을 15분 정도 생각하거나 계획하면 4시간을 절약할 수 있다는 것이다. 나의 시간 패턴을 보완하기 위해 연 단위, 월 단위 그리고 하루 단위로 계획을 세웠다. 특히 매일 아침, 하루를 시간별로 계획한 후 하루를 시작했다. 그냥 하루를 보내는 것보다 시간을 나눠 관리하자 허투루 보내는 시간이 많이 줄었고, 집안일을 할 때 집중력이 생겨 빨리 끝낼 수 있었다.

시간별로 계획을 짤 때는 To-do list와 Dream To-do list로 나누었다. To-do list에는 일상적으로 해야 할 일을 적고, Dream To-do list에는 꿈과 관련된 일이나 자기계발과 관련된 목록을 작성했다. 그리고 우선순위를 파악할 수 있도록 긴급도와 중요도를 표시했다.

또 나만의 힐링 시간, 즉 자기계발 시간으로 하루에 2시간 초집중 시간을 만들었다. 나는 아이를 재우고 난 뒤인 밤 10~12시, 그 2시간을 초집중 시간으로 정했다. 그 시간에는 핸드폰도 무음으로 설정하고 서재에 들어가 자기계발을 하는 데 최대한 집중했다. 나처럼 초집중 시간을 2시간 연속으로 확보하기 어렵다면 오전 1시간, 오후 1시간으로 나누어도 좋다. 그 시간도 만들기 어렵다면 자투리 시간들을 최대한 활용해보자.

처음부터 2시간을 오롯이 집중하기는 어려웠다. 그래서 30분부터 시작해 점차 늘려가자 집중도가 높아졌다. 황농문 작가의 저서 《몰입》에서도 자신의 능력이나 기량을 최대한 발휘할 수 있는 시간을 확보하고, 그 시간에 능력과 기량을 높이는 활동을 해보길 권유한다.

세세하게 계획한 일정을 수첩이나 핸드폰 중 하나에 적어놓고 휴대하면서 언제 어디서든 일정을 체크했다. 육아와 집안일 등 자잘하게 신경 쓸 일이 많아 머릿속으로만 생각하고 있으면 놓치는 경우가 허다했다. 뒤늦게 알고 처리하느라 더 많은 시간이 걸리기도 했다. 그래서 늘 메모해놓고 체크하는 습관을 들였더니 실수도 방지하고, 시간도 효율적으로 사용할 수 있었다.

시간별 계획표

구분	시간		To-do list	긴급도	중요도	Dream To-do list	긴급도	중요도
a.m	7:00	8:00				미라클 모닝, 경제 신문 읽기		
	8:00	9:00	아침 식사, 등원					
	9:00	10:00	휴식					
	10:00	11:00				책 읽기 (대중교통 이용)		
	11:00	12:00				부동산 강의 듣기		○
p.m	12:00	1:00				부동산 강의 듣기		○
	1:00	2:00	점심 식사					
	2:00	3:00				책 읽기 (대중교통 이용)		
	3:00	4:00	저녁 준비					
	4:00	5:00	영유아 검진	○	○			
	5:00	6:00	저녁 식사					
	6:00	7:00	아이와 놀아주기					
	7:00	8:00	아이와 놀아주기					
	8:00	9:00	아이와 놀아주기					
	9:00	10:00	아이 재우기					
초집중 시간	10:00	11:00				글쓰기 A4 1장 분량	○	○
	11:00	12:00				블로그 관리		

나의 가치를 높일
초집중 시간 확보하기

교사 생활을 하며 국가자격증 64개를 보유해 국내 국가자격증 최다 보유자로 한국 기네스에 등재된 소병량 선생님을 다룬 방송을 본 적이 있다. 학교에서 교사로 근무하면서 자격증을 64개나 딴 비법은 틈새 시간 활용이었다. 쉬는 시간 10분마다 자격증 책을 5장 분량씩 공부했다고 한다. 하루면 35장, 1년이면 1만 장 넘게 공부할 수 있었다는 것이다.

그분의 노하우를 적극 차용해보기로 했다. 나는 이동 시간이나 엘리베이터를 기다리는 시간에 책을 읽거나 부동산 뉴스를 읽는 등 자투리 시간을 그냥 흘려보내지 않고 활용했다. 자투리 시간도 모으면 꽤 많다. 보통 미용실에 가면 반나절은 금방 지나간다. 특히 머리를 하는 시간보다 기다리는 시간이 더 많다. 그래서 나는 미용실에 갈 때 책 한 권을 가져가거나 미용실에 비치된 책 중에 한 권을 집어 들고 머리가 끝나기 전에 다 읽으려고 노력한다. 미용실에 가서 지루할 틈 없이 오히려 책에 몰입하는 시간을 보내고 오는 것이다. 또 요리할 때도 국이 끓거나 밥이 되는 시간 등 기다려야 하는 시간이 있다. 그 시간엔 머리를 복잡하게 쓸 일도 없다. 그래서 나는 경제 팟캐스트를 들으면서 요리를 한다. 따로 시간을 내지 않고 경제 공부를 하는 시간으로 활용하는 중이다.

시간 확보를 위해서는 인간관계를 정리하거나 만남 횟수를 조절할 필요도 있다. 어린이집 엄마들, 아이의 축구 모임 엄마들, 동기 모임 등 몇 개의 모임만 나가도 일주일 스케줄이 꽉 찬다. 그러다 보면 자기계발할 시간을 확보하기 어렵다. 목표하는 바가 있다면 곁가지들은 쳐내야 한다. 즉 목표에 집중하고 시간의 우선순위를 내 꿈에 가까이 갈 수 있는 것들로 잡아야 한다.

지인들을 만나 차를 마시고 점심도 먹으며 즐거운 시간을 보낼 수도 있지만, 그런 시간들이 내 삶의 중심을 차지해서는 안 된다. 나의 가치를 올리고, 꿈에 한걸음 가까이 다가가기 위해서는 잠시 친구들과의 만남을 미뤄두는 것도 괜찮다. 잠시 안 만난다고 떠나는 지인이라면 그 관계는 다시 생각해봐야 하지 않을까.

나는 TV를 잘 보지 않는다. TV는 한 번 틀면 잠깐 본 거 같아도 한두 시간이 훌쩍 지나기 때문이다. TV를 보다가 책을 읽으려고도 해봤는데, 책에 집중하기가 힘들었다. 그래서 저녁 시간에 쉬려고 마음먹지 않는 한, 웬만해서는 TV를 켜지 않는다. 핸드폰도 마찬가지다. 유튜브나 SNS를 하다 보면 시간이 쏜살같이 지나가 버린다. 그래서 TV를 보거나 SNS를 하는 시간은 정해놓고 하는 편이다.

시간은 누구나 자기 마음대로 쓸 수 있지만, 엄마의 시간은 내가 주인이 아니다. 친구를 만나러 갈 때도, 자기계발을 위해 강의를 들으러 갈 때도 아이를 부탁할 누군가가 필요하다. 나는 다행히 친정과 시댁이 가까이 살고 양가 모두 아이를 예뻐해주셔서 다양한 선택지가 있지만, 보통은 남편에게 아이를 맡긴다. 일요일 저녁, 일주일 계획을 미리 세우면서 남편에게 아이를 맡겨야 할 날이 있다면 미리 공유하고 일정을 조율한다.

나는 남편에게 내 꿈에 대해 자주 얘기하고, 꿈을 이루기 위해 어떤 것들을 배우고 어떻게 진행되고 있는지 세세히 공유한다. 그래서인지 남편은 나만의 초집중 시간이 되면 그 시간에만 집중할 수 있도록 배려해주고 있다. 아이가 나의 초집중 시간이 시작되는 10시 이후까지 잠을 자지 않을 때는 남편이 대신 돌봐주는 식으로 말이다.

시간은 나에게 속한 귀한 자산임을 깨닫고 최대한 잘 활용하려고 애썼다. 하루 계획이 이미 꽉 차 있어도 하고자 하는 일이 생기면 어떻게든 구겨 넣었다. 시간을 내 것으로 만드는 건 누구도 아닌 나만이 할 수 있다. 그리고 그 시간은 내 의지로 충분히 만들 수 있다. 바쁘다는 핑계로 지금 씨앗을 뿌려놓지 않으면 미래에는 거둘 열매가 없는 법이다. 24살, 취업 준비할 때를 떠올려보자. 얼마나 애쓰며 절실했는가. 결혼 후에는 살림과 육아를 한다는 핑계 아닌 핑계로 나에게 온전히 투자하지 못했다. 아이에게 엄마가 성장하고 발전하는 모습을 보여주기 위해서라도 나에게 더 집중하고 투자할 시간이 필요하다. 우선 확고하고 명확한 목표가 있어야 하고, 초집중 시간을 꾸준히 이어간다면 원하는 바를 반드시 이룰 수 있다고 믿는다.

인생은 한번 사는 게 아니라 매일매일 살아가는 것이다. 산 정상을 정복하기 위해서는 땅만 보고 산을 타는 것이 아니라 다람쥐도 보고, 아름다운 경치도 즐기고, 맑은 공기도 마시며 산에 오르는 과정을 즐겨야 한다. 하루하루 시간을 잘 활용하고 그 과정을 즐기며 장기적인 투자를 나 스스로에게 한다면 꿈이라는 정상에 올라서게 될 것이다. 산을 오르는 한 걸음 한 걸음을 즐기지 못한다면 산꼭대기에 깃발을 꽂는 것이 무슨 의미가 있을까. 인생은 결과가 아니라 과정이며, 매일매일 살아가는 것이다. 그것도 즐기면서 말이다.

나만의 초집중 시간을 확보하려면?

1. 핸드폰은 잠시 무음으로 해두세요.

2. 관계 정리가 필요해요.

3. TV를 무심코 켜지 마세요.

4. 하루의 우선순위를 정해요. 1일 1목표!

블로그,
수입 창출의 도구가 되다

퇴사 후 나는 자기계발에 초집중했다. 하지만 학자도 아니고 평생 자기계발만 할 수 없으니 월급까진 아니더라도 부수입을 창출하고 싶었다. 20대 때 나는 무역회사 사장을 꿈꾼 적이 있다. 그래서 기발한 물건만 보면 어느 나라에 팔아야 잘 팔릴지 생각해보곤 했다. 그때 막연하게 블로그를 해야겠다는 생각을 했었다. 나중에 공구를 해도 되고, 내 사업을 하면 마케팅 툴이나 물건을 팔 수 있는 판로가 될 수 있을 것 같았다. 그렇게 블로그 강의 한 번 듣지 않고 무작정 블로그를 시작했다.

유튜브도 잠깐 시도해봤지만, 블로그보다 신경 쓸 게 많았다. 블로그는 사진이나 글만 올리면 되는데, 유튜브는 영상 촬영을 위한 여러 장비 준비부터 촬영, 편집까지 해야 할 일이 상당히 많았다. 게다가 얼굴을 노출하는 게 그렇지 않은 것보다 조회수를 올릴 수 있기 때문에 메이크업에도 신경 써야 했다. 사람의 눈이 아닌 카메라를 보고 얘기하는 것 자체도 어색하고 익숙지 않아 곤혹스러웠다. 블로그는 정보성 글을 간단히 포스팅할 수 있는데, 유튜브는 간단히 올릴 수 있는 프로세스가 아니었다.

게다가 블로그를 운영하고 있던 터라 유튜브와 블로그를 병행하기에는 육아하면서 시간적 여유가 되지 않았다. 유튜브를 하는 엄마들도 많고 유튜브를 통해 광고 수익부터 출간까지 여러 기회를 잡아 부수입을 창출한 사례들도 있다. 그러나 나는 여러 가지 상황을 고려했을 때 유튜브보다는 블로그에 집중하기로 했다.

잘 키운 블로그, 열 회사 안 부럽다

가장 손쉽게 글감을 찾을 수 있는 육아와 살림 소재로 블로그에 글을 쓰기 시작했다. 그러다 다른 블로그에 들어가 보니 네이버 메인에 본인 글이 올랐다며 자랑하는 글을 보았다. 나도 욕심내서 네이버 메인에 도전했다. 그렇게 내 글이 한 달에 한 번, 어떤 달에는 두 번 네이버 메인에 올라갔고, 네이버 메인에 올라간 날에는 블로그 조회수와 이웃수가 대폭 증가했다.

여기서 그칠 내가 아니다. 회사에서 그동안 쌓았던 능력을 활용해보고 싶었다. 내가 잘하는 것, 엑셀 잘 다루는 능력을 활용해 셀프 자산 관리툴과 가계부를 만들어 무료로 공유할 수 있도록 블로그에 올렸다. 내가 셀프 자산 관리툴로 가정 경제를 잘 관리한 것처럼, 이 툴을 공유하는 사람들도 이 툴로 가정 경제를 잘 운용할 수 있길 바랐다. 무료로 나눠준 셀프 자산 관리툴이 유용했는지 일파만파 퍼지면서 블로그가 커졌다. 3년 전 500명으로 시작한 블로그가 이제는 1만 명 이상의 이웃을 가진 블로그로 성장했고, 네이버에서 운영하는 인플루언서에도 등록이 되었다. 공구를 해볼까 하고 무작정 시작한 블로그에서 이제는 여러 부수입이 창출되고 있다.

1. 광고 수익

블로그 방문자가 포스팅 내에 있는 광고를 클릭하면 광고 수익이 발생한다. 큰 금액은 아니지만 블로그 광고 수익으로 아이 간식비를 충당하고 있다. 지금은 블로그에 크게 신경 쓰지 않아도 일정 수익이 들어온다.

2. 제품과 서비스 협찬

블로그가 커지면서 제품과 서비스 협찬 문의가 들어왔다. 싱글

일 때는 매주 마사지를 받으러 다녔는데 결혼 후에는 그럴 여유가 없었다. 그런데 체험단을 통해 마사지, 네일 등 뷰티 서비스와 PT, 필라테스 등 운동도 마음대로 즐길 수 있게 되었다. 고급 레스토랑에도 가고, 도서도 무료로 받는 등 다양한 체험을 할 수 있다. 뿐만 아니라 아이 용품, 식재료, 생활용품 등의 제품을 협찬받아 월 100만 원 이상 생활비를 절약하고 있다.

3. 구상한 프로젝트 실행으로 얻는 수입

퇴사 후 육아를 병행해야 했기 때문에 다시 조직에 들어가 일을 할 수가 없었다. 그렇다고 단지 머릿속으로만 구상한 일을 어떤 검증도 거치지 않고, 바로 사업자를 내서 진행할 수도 없었다. 겁도 나고 자신도 없었기 때문이다. 그런데 블로그를 통해 내가 구상한 프로젝트가 예상한 대로 반응이 나타나는지 작게 실험해볼 수 있었다. 예를 들면 무료로 운영한 가계부 프로젝트 같은 것들이다. 더 좋은 점은 내 블로그에서 모객이 가능하기 때문에 강의를 모객하는 플랫폼처럼 수수료를 낼 필요도 없었다. 온전히 내 수익이 되었다. 진정 내가 원하는 일을 찾는 툴로도 블로그는 제격이다.

4. 강의 제안과 수강료

네이버 인플루언서에 등록이 되고, 블로그 이웃이 1만 명이 넘자 블로그 강의 제안이 들어왔다. 블로그 관련 강의를 들어보진 않았지만, 3년 동안 블로그를 운영하면서 쌓인 경험들에 노하우가 다 녹아 있었다. 그 비법들을 정리해 강의를 시작했는데, 매 기수마다 찬사가 넘쳤다. 모집 공지를 올리면 며칠 만에 마감이 될 정도 인기 많은 강의가 되었다.

가계 자산 관리 관련 글을 꾸준히 올리고, 경제 기사도 공유하다 보니 블로그에 어떻게 돈 관리를 하는지 궁금해하는 문의가 빗발쳤다. 강의 제안도 들어왔다. '부자 가계부 1기' 무료 코칭을 진행해본 경험에 보완점을 추가하여 3주 코스의 재무 관리 코칭 커리큘럼을 만들었다. 이 책에서 소개한 지출 분석, 통장 정리, 가계부 쓰는 법뿐 아니라 신용카드 활용법, 절약 팁, 셀프 자산 관리 툴 활용법까지 스스로 자산 관리를 할 수 있도록 프로그램을 구성한 것이다.

현재 블로그를 통한 수익은 블로그로 시작된 강의료가 가장 큰 비중을 차지한다. 그러나 강의는 새로운 돈의 파이프라인을 구축해서 좋은 게 아니다. 그보다는 뿌옇고 희미했던 지출과 자산을 파악할 수 있어서 좋았다는 수강생들의 후기와 그간 아내를 믿지 못해 재정 관리를 각자 하자고 몇 년간 우기던 남편에게 셀프 자산 관리툴을 활용해 한눈에 전체 자산을 보여주자 함께 돈 관리를 시작했다는 후기들이 실시간으로 들려와 보람이 더 크다.

5. 출판 계약금과 인세

블로그를 본격적으로 시작한 건 퇴사할 즈음인 2017년 5월이었다. 블로그를 일이라고 생각하며 매일 포스팅을 올렸다. 포스팅을 못 할 거 같으면 미리 써놓고 날짜에 맞춰 발행했다. 그렇게 몇 년을 운영하다 보니 글 쓰는 습관이 잡혀 글 쓰는 게 어렵게 느껴지지 않았다. 나는 책을 낸 경험이 없었지만, 그동안 블로그를 꾸준히 운영했기 때문에 내 강점을 쉽게 알릴 수 있었고 그 덕에 출간 제안도 받았다고 생각한다. 정식 출판이 되면 앞으로 인세 수익이 발생할 것이다. 책과 관련한 강의도 연계된다면 더 많은 수입이 발생할 것이다.

6. 방송 출연료와 광고 촬영비

블로그를 통해 경제 분야의 유명 인사들과 만날 수 있었고, 지금까지 인연을 이어가며 서로 도움을 주고받고 있다. 블로그를 보고 방송 섭외도 많이 들어왔다. 그래서 MBC, KBS 등 지상파 프로그램에 식비 절약 전문가로 여러 차례 출연하기도 했다. 또 블로그에 화장품 리뷰를 올렸는데, 영상 광고까지 촬영하게 되어 부수입도 벌 수 있었다.

블로그는 나를 알리는 도구이자 세상의 다양한 기회들과 연결해주는 툴이다. 뿐만 아니라 블로그에는 지난 3년간 나만의 역사가 고스란히 저장되어 있고, 그런 기록들이 다 자산이 되었다. 기록해둔 책 리뷰는 원고 쓸 때 큰 도움이 되었다. 또한 블로그를 통해 강사, 작가, 인플루언서라는 새로운 이름표가 생겼고, 지금은 대기업 평균 연봉 이상의 수입을 벌고 있다. 그리고 업무 시간에 얽매이지도, 보기 싫은 상사를 매일 봐야 할 일도 없는 디지털노마드의 삶을 살기 시작했다. 내가 하고 싶은 일을 하며 돈도 벌 수 있는 건 다 블로그 덕분이다.

니체는 "하루에 3분의 2를 자기 맘대로 쓰지 못하는 사람은 노예다"라고 말했다. 하루에 3분의 2는 16시간이다. 조직에 속해 있으면 칼퇴를 한다고 해도 회사의 점심시간을 포함해 9시간, 출퇴근 시간을 포함하면 11시간은 내 맘대로 쓰지 못한다. 내 마음대로 쓸 수 있는 13시간도 확보가 되지 않는다. 그러나 퇴사 후 블로그를 통해 진정한 내 일을 찾아가며 수입도 벌고 있다. 이제야 내 삶의 진정한 주인이 된 기분이 든다.

실행이 어려운 분들에게_
실행 마인드 세팅하기

수십억 달러에 달하는 자기계발 산업의 개척자이자 리더인 폴 마이어Paul Meyer는 "생생하게 상상하고, 간절히 소망하고, 진심으로 믿고, 열성을 다해 행동하면 반드시 이루어진다"라고 말했다. 간절히 상상하고 소망하고 믿어도 행동하지 않으면 이뤄지지 않는다. 만약 의사에게 약을 처방받고 정작 먹지 않는다면? 몸에 좋은 음식이 차려져 있는데 먹지 않는다면? 약 처방을 받고 몸에 좋은 음식이 눈앞에 놓여 있어도 행동을 취하지 않으면 몸에 변화는 없다. 우리 삶도 마찬가지다. 인생이라는 운전대를 잡았다면 행동이라는 엑셀을 밟아야 앞으로 나아갈 수 있다.

　모든 사람은 자기만의 능력이나 재능이 하나씩은 다 있다. 경청을 잘한다든지, 말을 잘한다든지, 인내심이 있다든지 이런 사소한 것도 다 재능이다. 나의 최대 무기는 'DRN 정신'을 가지고 있다는 것이다. '지금 당장 해Do it Right Now'의 약자를 적은 것으로, 이 실행 정신은 지금까지 내가 살아오는 데 여러 번 빛을 발했다. 기적과 같이 불가능을 가능케 해주는 빛 그리고 행운의 역할을 해준 것이 바로 '행동'이다.

일단 행동하라! 안 되면 말지, 뭐

싱가포르에 있을 때 대기업에 취업하고 싶어 구인광고를 찾다가 이미 5개월이 지난 구인광고를 발견했다. 다른 사람들은 이미 수개월이 지난 광고라 이력서를 넣는 시도도 해보지 않았을 것이다. 그런데 나는 취업이 안 돼도 오케이, 되면 감사한 일이라는 마음으로 당장 이력서를 들이밀었다. 이튿날 아침 전화벨이 울렸다. 채용 담당자였다. "구인공고는 꽤 오래전에 올렸었는데, 어떻게 지원하셨어요?"라며 채용 담당자도 의아해했다. 그렇게 서류 합격과 면접의 기회를 얻었고, 결국 최종 합격했다.

그때 구인광고가 5개월이나 지났다고 포기했다면? 내 능력에 대기업 취업이 가능하냐며 의문을 가지고 시도도 안 했다면? 과연 싱가포르 법인을 넘어 대기업 본사에서 근무할 기회를 얻을 수 있었을까?

블로그를 시작할 때도 아무런 준비 없이 어떤 강의도 듣지 않고 무작정 시작했다. 어김없이 DRN 정신이 발휘되는 순간이다. '공식적인 자리에 보고서를 제출하는 일도 아닌데, 내 마음대로 하면 어때?'라며 블로그에 맛집도 올리고 육아일기도 올렸다. 내키는 대로 여러 가지를 시도했다. 그렇게 시도하는 과정에서 여러 가지 노하우가 쌓였고, 1만 명 이상의 이웃을 둔 블로그로 커졌다. 만약 블로그는 어려울 거 같아 시작도 하지 않았다면? 블로그를 시작하기 위해 준비만 하다가 실행하지 못했다면? 세상과 연결될 수 있는 수많은 기회를 놓쳤을 것이다.

최근 강점 진단을 받았는데, 역시나 나의 강점은 예상했던 대로 '행동'이었다. 모든 일은 행동이 있어야 결과가 있는 법. 반드시 행동이 있어야 성과를 거둘 수 있다. 나는 일단 결정을 내리면 행동하지 않고는 못 배긴다. 행동하고 싶어 안달이 날 정도다. 지금까지 인생을 돌이켜보면 불가능해 보이는 상황에도 늘 가능성은 존재했다. '안 되면 말지, 뭐. 일단 시도해보자'라는 마음으로 실행했을 때 말이다.

나는 행동이야말로 최선의 그리고 최고의 학습 방법이라고 믿는다. 어떤 일을 결정하면 곧바로 행동하고, 그 과정과 결과를 통해 많은 것을 배웠다. 그리고 이러한 과정에서 배운 것을 다음에 어떻게 적용해야 하는지 또 그다음에는 어떻게 활용할지 연쇄적으로 알게 되었다. 성장은 이런 시행과정을 통해 업그레이드되는 것이다. 그래서 나는 생각과 동시에 몸을 먼저 움직이려고 노력한다. 그러면 최신 정보를 얻을 기회도, 좋은 아이디어를 낼 수 있는 기회도 많아진다.

완벽한 준비란
없다

70대에 유튜브 크리에이터를 시작해 구독자 100만 명을 훌쩍 넘긴 박막례 할머니. 구글 CEO가 유튜브 채널 중 가장 영감을 주는 채널이라며 극찬했다. 한 신문사에서 박막례 할머니를 인터뷰하며 "박막례 님께 도전은 어떤 의미인가요?"라는 질문을 했다. 박막례 할머니는 "도전에 성공하면 기분 째지지! 실패하면 그냥 웃어넘겨 버려"라고 대답했다.

우리는 살면서 크고 작은 도전을 하게 된다. 블로그나 유튜브를 시작하거나 부동산 투자 등 새로운 분야를 배우는 것도 도전이 될 수 있다. 그런데 주변을 둘러보면 많은 사람들이 작은 도전도 잘 시도하지 못한다. 그 이유는 너무 많은 생각에 휩싸여 있거나, 너무 신중하거나, 너무 많은 준비를 하다가 결국 실행도 하기 전에 포기하는 것이다. 영화 〈아비정전〉 감독 왕저웨이는 "무언가를 시작하기에 충분할 만큼 완벽한 때라는 것은 없다"라고 이야기했다. 그렇다. 준비하는 시점부터가 그 일을 시작하는 것이다. 그런데 지금까지 내 인생을 되돌아보면 생각하는 것보다 실행이 빨랐다. 늘 머리보다 손이 빨랐다.

그렇다면 내가 늘 즉각적으로 실행해 붙여진 '바로 병'과 '지금 당장 해버려' 정신은 어떻게 만들어진 걸까? 22살 어느 날, 말레이시아에 가서 공부하고 싶다고 부모님께 말씀드렸더니 부모님은 흔쾌히 허락해주셨다. 또 싱가포르에 가서 사업을 하겠다고 했을 때도 부모님은 나의 의견을 존중해주셨다. 보통의 부모님들은 여자 혼자 국내도 아니고 해외에 나가 생활하겠다고 하면 걱정이 앞서 반대할 것이다. 그런데 우리 부모님은 내가 원하는 바를 최대한 지지해주고 시도할 기회를 많이 주셨다. 시도했다가 실패해도 채찍질하지 않고 오히려 용기를 불어넣어 주셨다.

부모님은 한마디로 방목 육아를 하셨다. 나 스스로 울타리 밖을 나가 새로운 경험을 해보고, 스스로 풀을 뜯는 능력을 갖추게 해주셨던 것이다. 본인이 직접 시도해서 얻은 경험을 통해 자신감과 실행력이 자연스레 높아진다고 생각하셨기 때문이다. 경험하는 것과 하지 않는 것은 천지 차이다. 경험들이 모여 인생이 되고, 그 경험들은 무엇과도 바꿀 수 없는 자산이 된다고 믿는다.

무슨 일이든 오래 준비하기보다 실행부터 하면 기대치가 낮아 결과에 크게 좌지우지되지 않는다. 오랜 시간 준비하지 않았기 때문에 실행하는 과정 자체에 의미를 두게 된다. 그렇게 하나씩 실행하다 보면 경험이 쌓이고, 그 경험들이 모여 나만의 노하우가 생긴다. 결과가 성공적일 수도 있지만 그렇지 않을 수도 있다. 그러나 투자한 게 많지 않아 좌절보다는 재도전해야겠다는 의지가 샘솟거나 다른 새로운 일을 찾아 다시 도전하게 된다.

그런데 대다수의 사람들은 준비하는 데 많은 시간을 허비한 뒤 도전을 시도한다. 준비를 많이 한 만큼 기대치 또한 높아진다. 준비하며 계획을 완벽히 세워 실수를 최대한 줄이려고 하지만, 막상 일을 진행해보면 예상치 못한 일이 발생하기도 한다. 준비를 많이 한 경우 결과가 만족스럽지 않다면 준비를 철저히 했음에도 실패했다는 생각에 그 일을 영영 포기하게 되는 경우가 많다. 그래서 나는 최소한으로 준비하고 실행하면서 경험을 통해 노하우를 쌓을 때 훨씬 더 많은 걸 얻을 수 있다고 믿는다.

실행에 용감해져라

너무 신중한 성격이거나 뭔가 시작하는 걸 두려워하는 사람들도 주저 없이 실행하게 할 수 있는 방법은 없을까? 도움을 주고자 내가 했던 방법을 3가지로 정리했다.

첫째, 도전하고 싶은 목표가 있다면 해야 할 일을 최소한으로 잘게 쪼갠다.

둘째, 아주 쉬운 것부터 혹은 흥미가 있는 것부터 시작한다.

셋째, '안 되면 말고, 일단 시도해보자'라는 마음으로 작은 도전부터 시작해본다. 완벽한 준비가 아니라 작은 도전을 먼저 시도해보는 것이다.

만약 1억을 모으고 싶다면 100만 원 모으기부터 시작해본다. 1억을 언제 모으나 막막해도 100만 원으로 목표를 쪼개면 쉽게 도전할 수 있다. 그리고 100만 원을 모으기 위한 방법을 모색해보고, 그중에서 가장 쉬운 방법을 먼저 시도해본다. 하루에 커피를 2잔 마셨다면 1잔으로 줄이고 저축을 한다든지, 일주일에 외식을 10번 했다면 7번으로 줄여 지출을 줄이는 식이다. 그리고 저축한 돈으로 투자를 할 때도 너무 많은 공부와 준비를 하기보다는 주식 계좌를 개설하고 주식을 1주라도 먼저 사보는 것이다.

일본에서 여러 해 연속 '납세액 1위'를 기록하고 있는 거부, 사이토 히토리는 그의 책 《부자의 행동습관》에서 "경제적으로도 정신적으로도 넉넉해지고 싶다면 지금 당신이 할 수 있는 일부터 실천하세요. 그러면 점점 풍요로움이 당신을 따라올 겁니다"라고 조언했다. 경제적 자유를 누리고 있는 사람들은 생각보다 뛰어난 기술이나 능력을 가진 사람들이 아니다. 시대의 흐름을 읽고 실행하며, 그 과정에서 경험한 것을 통해 작은 성공을 이루고, 작은 성공이 모여 진정한 성공을 이루며 부자가 된 경우가 많다. 실행을 하면 작은 결과물에도 설레고 주위 상황들이 점점 업그레이드된다는 것이다. 만약 실행을 했는데 성과가 만족스럽지 않거나 어떤 결과물도 얻지 못했다면 제대로 실행하지 못한 것이다. 실행이 어렵다면 작은 것부터 시작해보자. 그다음 단계에도 작은 것들을 연속해서 실행하다 보면 어느새 큰 걸 이루는 행동가가 되어 있을 것이다.

"The best is yet to come."

나는 '가장 좋은 날은 아직 오지 않았다'는 이 말을 참 좋아한다. 혹자는 오늘이 가장 좋은 날이 아니냐고 물을 수도 있다. 그러나 꿈을 크게 꾸고 구체적으로 계획해 실행에 나서면 가장 좋은 날은 곧 오리라 믿는다. 그래서 나는 가장 좋은 날을 기다린다.

짐 캐리 주연의 〈브루스 올마이티〉 영화에 이런 대사가 나온다.

"수프를 가르는 건 기적이 아니라 속임수 마술이야. 두 가지 일에 허덕이는 미혼모가 아이를 축구 수업에 보내려고 없는 시간을 짜내는 게, 그게 기적이야. 10대가 마약 대신 다시 학업에 집중하는 게, 그게 기적이야. 기적을 보고 싶나? 그럼 자네 스스로 기적을 만들어봐."

기적은 신이 내리는 게 아니라 내가 만들어나가는 것이다. 그렇다. 가정을 이뤄 가정 경제를 조금이라도 좋게 하려고 돈 관리를 시작하는 것, 엄마가 되어 포기했던 꿈을 다시 찾으려고 노력하는 과정 모두 기적이 될 수 있다. 나 스스로 하루하루를 기적으로 만드는 주인공이 되어보는 건 어떨까? 당신 안에 숨겨진 놀라운 잠재력을 의심하지 말자. 원석을 잘 갈고 닦으면 조만간 빛나는 다이아몬드를 내 안에서 꺼내게 될 것이다.

"The best is yet to come."

나는 퇴사하고도
월 100만 원 더 모은다

초판 1쇄 발행 · 2020년 11월 30일

지은이 · 민선
발행인 · 이종원
발행처 · (주)도서출판 길벗
출판사 등록일 · 1990년 12월 24일
주소 · 서울시 마포구 월드컵로 10길 56(서교동)
대표 전화 · 02)332-0931 | 팩스 · 02)323-0586
홈페이지 · www.gilbut.co.kr | 이메일 · gilbut@gilbut.co.kr

기획 및 책임편집 · 황지영(jyhwang@gilbut.co.kr) | 제작 · 이준호, 손일순, 이진혁 | 영업마케팅 · 진창섭, 강요한
웹마케팅 · 조승모, 황승호 | 영업관리 · 김명자, 심선숙, 정경화 | 독자지원 · 송혜란, 윤정아

디자인 · 어나더페이퍼 | 교정교열 · 장문정 | 인쇄 · 두경m&p | 제본 · 경문제책

ISBN 979-11-6521-371-8 03320
(길벗 도서번호 050151)

독자의 1초를 아껴주는 정성 길벗출판사
길벗 | IT실용서, IT/일반 수험서, IT전문서, 경제실용서, 취미실용서, 건강실용서, 자녀교육서
더퀘스트 | 인문교양서, 비즈니스서
길벗이지톡 | 어학단행본, 어학수험서
길벗스쿨 | 국어학습서, 수학학습서, 유아학습서, 어학학습서, 어린이교양서, 교과서